LOI

du 26 avril 1917

SUR LES SOCIÉTÉS ANONYMES A PARTICIPATION OUVRIÈRE

COMMENTAIRE

publié par

LA GAZETTE DES SOCIÉTÉS ET DU DROIT FINANCIER

Suivi des Rapports présentés au Parlement

et de leur Discussion

LIBRAIRIE ARTHUR ROUSSEAU

ROUSSEAU et Cie, Éditeurs

14, RUE SOUFFLOT ET RUE TOULLIER, 13

PARIS (Ve) Téléph. 807.20

1917

SIXIÈME ANNÉE. — N° 6 JUIN-JUILLET 1917

LA
GAZETTE DES SOCIÉTÉS
ET
DU DROIT FINANCIER

LÉGISLATION

LOI du 26 avril 1917 sur les sociétés anonymes à participation ouvrière

Le Sénat et la Chambre des députés ont adopté,

Le Président de la République promulgue la loi dont la teneur suit :

Art. 1er. — La loi du 24 juillet 1867 sur les sociétés est complétée par les dispositions suivantes :

TITRE VI

DES SOCIÉTÉS ANONYMES A PARTICIPATION OUVRIÈRE

« Art. 72. — Il peut être stipulé dans les statuts de toute société anonyme que la société sera « à participation ouvrière ».

« Les sociétés dont les statuts ne contiendraient pas cette stipulation pourront se transformer en sociétés à participation ouvrière, en procédant conformément aux paragraphes 2, 3, 4 de l'article 31 de la loi du 24 juillet 1867, modifié par la loi du 22 novembre 1913.

« Les sociétés à participation ouvrière seront soumises, indépendamment des règles générales applicables aux sociétés anonymes, aux dispositions des articles suivants.

« Art. 73. — Les actions de la société se composent :

« 1° D'actions ou coupures d'actions de capital;

« 2° D'actions dites « actions de travail ».

« Art. 74. — Les actions de travail sont la propriété collective du personnel salarié (ouvriers et employés des deux sexes) constitué en société commerciale coopérative de main-d'œuvre en conformité de l'article 68 de la loi du 24 juillet 1867, modifiée par la loi du 1er août 1893. Cette société de main-d'œuvre comprendra, obligatoirement et exclusivement, tous les salariés attachés à l'entreprise depuis au moins un an et âgés de plus de vingt et un ans. La perte de l'emploi salarié fait perdre au participant, et sans indemnité, tous ses droits dans la coopérative de main-d'œuvre sous la réserve de l'article 79 de la présente loi.

« Lorsqu'une société se constituera dès son début sous le régime de la présente loi, c'est-à-dire sous la forme de société anonyme à participation ouvrière, les statuts de la société anonyme devront prévoir la mise en réserve, jusqu'à l'expiration de l'année, des actions de travail attribuées à la collectivité des salariés. A l'expiration de ce délai, les actions seront soumises à la coopérative de main-d'œuvre légalement constituée.

« Les dividendes attribués aux ouvriers et employés faisant partie de la coopérative ouvrière sont répartis entre eux conformément aux règles fixées par les statuts de la société ouvrière et aux décisions de ses assemblées générales. Toutefois, les statuts de la société anonyme devront disposer que, préalablement à toute distribution de dividende, il sera prélevé sur les bénéfices, au profit des porteurs d'actions de capital, une somme correspondant à celle que produirait à l'intérêt qu'ils fixeront le capital versé.

« En aucun cas les actions de travail ne pourront être attribuées individuellement aux salariés de la société, membres de la coopérative de main-d'œuvre.

« Art. 75. — Les actions de travail sont nominatives, inscrites au nom de la société coopérative de main-d'œuvre, inaliénables pendant toute la durée de la société à participation ouvrière et frappées d'un timbre indiquant l'inaliénabilité et l'incessibilité de ces actions.

« Art. 76. — Les participants à la société coopérative de main-d'œuvre sont représentés aux assemblées générales par des mandataires élus par ces participants, chacun de ceux-ci disposant pour cette élection d'autant de voix que son salaire annuel, établi sur les comptes arrêtés quinze jours avant l'assemblée générale, comprend de fois le chiffre du salaire le plus faible attribué par la société aux salariés âgés de plus de vingt et un ans. Ces élections ne sont valables que si les deux tiers des participants au moins ont assisté à la réunion où il y a été procédé.

« Les mandataires élus doivent être choisis parmi les participants. Leur nombre est fixé par les statuts de la société anonyme.

« Le nombre des voix dont disposent ces mandataires à chaque assemblée générale est au nombre des voix attribuées au capital qui y est représenté dans la même proportion que le nombre des actions de travail est à celui des actions de capital. Il est déterminé au début de chaque assemblée d'après les indications de la feuille de présence.

« Les mandataires présents partagent également entre eux les voix qui leur sont ainsi attribuées, les plus âgés bénéficiant des voix restantes.

« En cas d'action judiciaire, les mandataires élus à la dernière assemblée générale désignent un ou plusieurs d'entre eux pour représenter les participants. Si aucune élection n'avait encore été faite, ou si aucun des mandataires élus ne faisait plus partie de la coopérative de main-d'œuvre, il serait procédé à l'élection de mandataires spéciaux dans les formes et conditions prévues au paragraphe 1er du présent article. Toutes les décisions des assemblées générales coopératives de main-d'œuvre devront d'ailleurs être prises dans ces mêmes formes et conditions.

« Art. 77. — Toutefois, les assemblées générales des sociétés anonymes à participation ouvrière délibérant sur des modifications à apporter aux statuts ou sur des propositions de continuation de la société au delà du terme fixé pour sa durée ou de dissolution avant ce terme, ne sont régulièrement constituées et ne peuvent valablement délibérer qu'autant qu'elles comprendront un nombre d'actionnaires représentant les trois quarts des actions de capital. Il en pourra être décidé autrement par les statuts.

« Dans le cas où une décision de l'assemblée générale comporterait une modification dans les droits attachés aux actions de travail, cette décision ne sera définitive qu'après avoir été ratifiée par une assemblée générale de la coopérative de main-d'œuvre.

« Art. 78. — Le conseil d'administration de la société anonyme à participation ouvrière comprend un ou plusieurs représentants de la société coopérative de main-d'œuvre; ces représentants sont élus par l'assemblée générale des actionnaires et choisis parmi les mandataires qui représentent la coopérative à cette assemblée générale. Le nombre en est fixé par le rapport qui existe entre les actions de travail et les actions de capital. Ils sont nommés pour le même temps que les autres administrateurs et sont comme eux rééligibles; toutefois, leur mandat prend fin s'ils cessent d'être salariés de la société et, par suite, membres de la coopérative. Si le conseil d'administration ne se compose que de trois membres, il devra comprendre tout au moins un représentant de la société ouvrière.

Art. 79. — En cas de dissolution, l'actif social n'est réparti entre les actionnaires qu'après l'amortissement intégral des actions de capital.

« La part représentative des actions de travail, conformément aux décisions prises par l'assemblée générale de la coopérative ouvrière convoquée à cet effet, est alors répartie entre les participants et anciens participants comptant au moins dix ans de services consécutifs dans les établissements de la société, ou tout au moins une durée de services sans interruption égale à la moitié de la durée de la société et ayant quitté la société pour cause de maladie ou de vieillesse.

« Toutefois, les anciens participants remplissant les conditions prévues à l'alinéa précédent ne figureront à la répartition que pour 9/10, 8/10, 7/10, etc., d'une part correspondant à la durée de leurs services, suivant qu'ils auront cessé leurs services depuis un an, deux ans, trois ans, etc.

« La dissolution de la société anonyme amène la dissolution de la coopérative de main-d'œuvre.

« Art. 80. — Les sociétés qui se conformeront aux dispositions précédentes seront affranchies, en ce qui concerne leurs statuts ou actes d'augmentation de capital, des droits de timbre et d'enregistrement, exclusivement applicables au montant des actions de travail.

« Celles dans lesquelles le nombre des actions de travail sera égal au moins au quart du nombre des actions de capital bénéficieront, en outre, pour leurs actions de travail, des avantages accordés par l'article 21 de la loi du 30 décembre 1903, complété par l'article 25 de la loi de finances du 8 avril 1910, aux parts d'intérêts ou actions dans les sociétés de toute nature dites de coopération, formées exclusivement entre ouvriers et artisans. Ces mêmes titres seront, de plus, affranchis du droit proportionnel de timbre édicté par la loi du 5 juin 1850 et du droit de transmission établi par la loi du 23 juin 1857. Indépendamment des immunités fiscales ci-dessus prévues au paragraphe précédent, les sociétés à participation ouvrière bénéficieront des avantages accordés par les lois et décrets en vigueur aux sociétés coopératives en ce qui concerne les adjudications et soumissions de travaux publics. »

Art. 2. — Le deuxième alinéa de l'article 64 de la loi du 24 juillet 1867 est complété par la disposition suivante :

« Si la société use de la faculté d'émettre des actions de travail, cette circonstance doit être mentionnée par l'addition de ces mots : « à participation ouvrière ».

La présente loi, délibérée et adoptée par le Sénat et par la Chambre des députés, sera exécutée comme loi de l'État.

Fait à Paris, le 26 avril 1917.

R. Poincaré.

COMMENTAIRE

OBSERVATIONS GÉNÉRALES

La création d'actions de travail destinées à être remises aux ouvriers ou employés pour constituer une part dans l'entreprise, part portant non pas seulement sur une portion de bénéfices, mais sur une portion du capital constituée par l'alliance de l'élément capitaliste et de l'élément main-d'œuvre, a préoccupé depuis de longues années.

On trouvera dans le rapport de M. Charles Deloncle, reproduit en annexe, l'historique des efforts qui ont été multipliés depuis longtemps pour parvenir à la solution de ce difficile problème.

MM. Etienne Antonelli et Jean Granier, ont publié des travaux très importants et ont proposé des solutions que le législateur s'est aujourd'hui partiellement appropriées. Le Parlement a été saisi d'une proposition dûe à l'initiative de M. Henry Chéron, sénateur. Cette proposition a été examineé par une commission dont le rapporteur au Sénat, a été M. Charles Deloncle.

La Commission a modifié, dans certaines de ses dispositions de détail, le texte de la proposition de M. Henry Chéron. M. Deloncle a déposé un rapport des plus complets, des plus savants, dans lequel il a résumé toutes les controverses antérieures, les propositions déjà formulées, et proposé les solutions que le Sénat s'est appropriées.

Le texte de la Commission a été adopté sans modification dans la séance du Sénat du 22 février 1917. Il n'y eut pas à proprement parler de discussion; M. Charles Deloncle prit la parole pour développer les idées de son rapport écrit, mais il n'eut pas de contradicteur.

A la Chambre des Députés, la Commission nommée pour l'examen de la proposition par la Chambre, en confia le rapport à M. Louis Deschamps, député.

On trouvera, en annexe, le rapport de M. Deschamps. Puis, la proposition votée par le Sénat, fut acceptée par la Chambre des Députés sans aucune modification, et même sans discussion, dans la séance du 4 avril 1917.

La loi a été promulgué à l'*Officiel*, le 26 avril 1917.

SOCIÉTÉS AUXQUELLES S'APPLIQUE LA LOI

Le projet déposé par M. Henry Chéron visait les sociétés par actions *à participation ouvrière*. Mais ce titre s'est trouvé modifié à la suite des observations du rapporteur Deloncle.

Il a été, en effet, reconnu que les sociétés à participation ouvrière ne pouvaient s'adapter qu'aux société anonymes. Le rapporteur l'a formellement reconnu dans son rapport. Le projet, a-t-il dit, ne peut viser les sociétés en commandite par actions. Aussi le titre de la loi s'est-il trouvé modifié. La loi s'appelle : Loi sur les sociétés anonymes à participation ouvrière.

LES ACTIONS DE TRAVAIL

La création d'actions de travail étant aujourd'hui résolue par un texte de loi, il n'y a plus grande utilité à rechercher si, au point de vue juridique, il était possible de créer de tels titres. On a beaucoup discuté sur ce point. L'action de travail est-elle une véritable action? On a dit que l'action ne pouvait être que la représentation d'un apport, soit en argent, soit en nature. Telles sont les bases fixées par la loi de 1867. Mais, il peut y avoir également un apport en industrie; cela ressemble à l'apport en nature. Les prestations personnelles promises pour l'avenir peuvent-elles faire l'objet d'un apport? La jurisprudence le conteste. Aussi quand mû par le désir de remettre à la collectivité ouvrière un titre représentant une portion, non seulement des bénéfices, mais du capital créé par le travail commun, a-t-on recherché si ce droit ne devait pas être uniquement représenté par des parts de fondateur ou certains autres titres *sui generis*?

On trouvera dans l'ouvrage de M. Etienne Antonelli, une très savante discussion sur tous ces principes. L'auteur concluait que, sans porter atteinte aux assises de notre droit, il était possible de créer de véritables actions à remettre à la collectivité ouvrière, actions donnant droit tout à la fois à une part de bénéfices, et à une part du capital permettant à cette collectivité de participer à l'administration de la société, de concourir aux assemblées générales, en un mot d'exercer tous les droits qui appartiennent aux actionnaires.

Toute cette discussion évidemment intéressante, perd, comme nous l'avons dit, à l'heure présente, de son intérêt, puisque le législateur souverain a créé les actions de travail et ce qu'il importe maintenant, c'est d'examiner dans quelles conditions cette création doit se comprendre et comment ce régime nouveau doit fonctionner.

Nous ne pouvons mieux faire que de commenter les uns après les autres les articles de la loi qui créent un droit nouveau, de l'avis de tous, encore bien qu'ils soient comme une annexe de la loi du 24 juillet 1867. La loi sur les actions de travail du 26 avril 1917 est donc un complément à la loi du 24 juillet 1867. Telle est la formule de l'art. 1er. Elle ajoute à la loi de 1867, des articles qui portent les nos 72 à 80, puis dans son article 2, la loi du 26 avril 1917 complète l'art. 64 de la loi du 24 juillet 1867, relative à la publicité, pour imposer l'addition des mots « à participation ouvrière » dans toute la publicité prescrite par l'art. 64.

Nous allons donc prendre successivement les nouveaux articles ajoutés à la loi du 24 juillet 1867 et en présenter le commentaire.

ARTICLE 72

« Il peut être stipulé dans les statuts de toute société anonyme que la société sera « à participation ouvrière ».

« Les sociétés dont les statuts ne contiendraient pas cette stipulation pourront se transformer en sociétés à participation ouvrière, en procédant conformément aux paragraphes 2, 3, 4 de l'article 31 de la loi du 24 juillet 1867, modifié par la loi du 22 novembre 1913.

« Les sociétés à participation ouvrière seront soumises, indépendamment des règles générales applicables aux sociétés anonymes, aux dispositions des articles suivants ».

Du texte de cet article résulte, comme nous l'avons dit plus haut, que les sociétés du nouveau type ne peuvent être que des sociétés anonymes.

Il en résulte également que la loi est facultative. Liberté est donc entière pour les fondateurs des sociétés anonymes d'adopter la forme de société à participation ouvrière. Le texte prévoit également qu'une société anonyme constituée suivant les règles de la loi du 24 juillet 1867, peut adopter au cours de son existence, la forme de la société nouvelle, et se transformer par application des paragraphes 2, 3 et 4 de l'art. 31 de la loi du 24 juillet 1867, modifié par la loi du 22 novembre 1913. Nous croyons utile de reproduire en annexe le texte de cette loi de 1913 qui détermine les conditions de quorum et de vote auxquelles il faut se soumettre pour réaliser légalement les modifications projetées.

ARTICLE 73

« Les actions de la société se composent :

« 1° D'actions ou coupures d'actions de capital;

« 2° D'actions dites « actions de travail ».

L'art. 73 constitue la base même de la législation nouvelle. C'est par ce texte que les actions de travail entrent dans la législation. Le législateur met ainsi fin à toute controverse antérieure et quelle que soit l'opinion que l'on professe sur la légitimité ou l'utilité des actions de travail, il n'y a plus qu'à s'incliner devant la loi.

Les actions de travail donnent des droits identiques à ceux des actions de capital, sous la réserve des dispositions que nous examinerons ci-après; elles sont donc entièrement assimilées aux autres actions.

Le projet de M. Henry Chéron portait que les

actions de travail devaient être d'un nombre qui ne pouvait être inférieur au quart des actions de capital. La Commission du Sénat ne s'est point rangée à cet avis. Elle a estimé que cette disposition pouvait détourner beaucoup de fondateurs de sociétés a accepter la forme de société à participation ouvrière. « Dans l'incertitude » dit le rapport de M. Deloncle, qu'ils pourraient être de la réussite de l'affaire, avec une charge aussi importante, alors qu'ils n'hésiteraient peut-être plus, s'il pouvait se contenter de créer un nombre d'actions de travail inférieur au quart des actions de capital. »

Et plus loin, le rapporteur s'exprime ainsi : « D'ailleurs, dans bien des cas, à la fondation d'une société anonyme, on ne fait appel qu'à une partie de la main-d'œuvre et du personnel administratif — du capital-travail — dont on aura besoin dans la suite, comme on ne fait appel qu'à une partie du capital-argent, les actionnaires n'étant invités à se libérer du montant total de leurs souscriptions qu'au fur et à mesure des besoins de l'exploitation. Voici, par exemple, une société dont le capital a été fixé à 800.000 francs, les actionnaires ne sont appelés à verser au début que le quart du capital, soit 200.000 francs. Si la société était obligée de prévoir un nombre d'actions-travail égal au moins au quart des actions-capital pour pouvoir prendre la forme d'une société à participation ouvrière, elle devrait prévoir un nombre d'actions de travail représentant précisément une somme égale à ce quart du capital-argent, soit 200.000 fr. Qu'arriverait-t-il alors, si l'entreprise n'embauchait au début que le dixième des ouvriers ou employés qu'elle viendrait à embaucher dans la suite, sans avoir besoin d'augmenter son capital social primitif et en faisant simplement appel au versement des trois quarts du capital prévu? La petite collectivité ouvrière du début profiterait d'un nombre d'actions considérable par rapport au nombre de ses membres; ceux-ci pourraient profiter de dividendes élevés qu'ils admettraient difficilement de voir réduire dans la suite, parce que l'accroissement des bénéfices ne serait pas proportionnel à l'accroissement du personnel. Il nous paraît donc préférable de permettre à la société anonyme à participation ouvrière de commencer par ne prévoir au début qu'un nombre d'actions de travail représentant une fraction du capital inférieure au quart, celle-ci pouvant toujours augmenter ultérieurement le nombre d'action-travail.

Nous avons bien cherché à établir un système qui permît l'attribution proportionnelle des actions de travail en égard à l'importance numérique des participants, l'intégralité du montant de ces actions de travail n'étant acquise au personnel que lorsque la collectivité qui le représenterait légalement compterait un nombre déterminé de membres, mais l'organisation d'un tel système, qu'il est du reste impossible de faire cadrer avec le statut général des sociétés anonymes, soulève des difficultés qu'il nous a été impossible de résoudre. »

ARTICLE 74

« Les actions de travail sont la propriété collective du personnel salarié (ouvriers et employés des deux sexes) constitué en société commerciale coopérative de main-d'œuvre, en conformité de l'article 68 de la loi du 24 juillet 1867, modifié par la loi du 1er août 1893. Cette société de main-d'œuvre comprendra, obligatoirement et exclusivement, tous les salariés attachés à l'entreprise depuis au moins un an et âgés de plus de 21 ans. La perte de l'emploi salarié fait perdre au participant et sans indemnité, tous ses droits dans la coopérative de main-d'œuvre sous la réserve de l'article 79 de la présente loi.

« Lorsqu'une société se constituera dès son début sous le régime de la présente loi, c'est-à-dire sous la forme de société anonyme à participation ouvrière, les statuts de la société anonyme devront prévoir la mise en réserve, jusqu'à l'expiration de l'année, des actions de travail attribuées à la collectivité des salariés. A l'expiration de ce délai, les actions seront remises à la coopérative de main-d'œuvre légalement constituée.

« Les dividendes attribués aux ouvriers et employés faisant partie de la coopérative ouvrière sont répartis entre eux conformément aux règles fixées par les statuts de la société ouvrière et aux décisions de ses Assemblées générales. Toutefois, les statuts de la société anonyme devront disposer que, préalablement à toute dis-

tribution de dividende, il sera prélevé sur les bénéfices, au profit des porteurs d'actions de capital, une somme correspondant à celle que produirait à l'intérêt qu'ils fixeront le capital versé.

« En aucun cas les actions de travail ne pourront être attribuées individuellement aux salariés de la société, membres de la coopérative de main-d'œuvre ».

La rédaction de notre article suggère une observation importante, encore bien qu'elle constitue plutôt une critique qu'un commentaire de la loi.

D'après notre texte, la répartition des sommes constitutives des bénéfices de la société anonyme ne revient pas à chaque action de travail, mais à l'entité juridique nouvelle. Il est dit, en effet, que « les dividendes attribués aux ouvriers et employés faisant partie de la coopérative ouvrière sont répartis entre eux conformément aux règles fixées par les statuts de la société ouvrière et aux décisions des assemblées générales ».

Ce sont donc les statuts de la société ouvrière qui doivent déterminer, ou bien les assemblées générales de cette société ouvrière qui fixeront la répartition des bénéfices. Aucune règle n'est tracée à cet égard; c'est la volonté des membres de la société ouvrière qui fera la loi, sous la seule condition de l'observation du quorum. Qui donc peut affirmer que sous l'influence de directions occultes aisées à prévoir, les bénéfices revenant à la nouvelle société n'iront pas à des œuvres qui ne seront pas toutes de paix sociale au lieu d'être distribués au personnel, en proportion des résultats de ses efforts, au fruit de l'esprit d'économie et d'ordre que l'on voudrait voir sauvegarder?

C'est là un vice de la loi qui n'a pu être corrigé, par aucune observation, puisqu'il n'y a pas eu de débats devant la Chambre.

Après avoir créé les actions de travail, le législateur s'est trouvé en présence de la seconde grosse difficulté du problème. Comment constituer l'existence légale des propriétaires de ces actions de travail? En d'autres termes, ces actions qui doivent appartenir à la collectivité des ouvriers et leur conférer les droits d'actionnaires, par qui seront-elles possédées, par qui les droits exercés?

Il fallait d'abord proclamer le principe que ces actions ne pouvaient point appartenir individuellement aux ouvriers ou employés. En effet, le personnel se modifie, et on ne pouvait concevoir l'attribution d'actions aux ouvriers ou employés individuellement. D'après le rapport de M. Deloncle, c'est à M. Antonelli que revient l'honneur d'avoir trouvé la solution adoptée par le législateur.

Cette solution consiste à constituer entre tous les salariés de l'entreprise une société à personnel variable, ayant sa personnalité juridique, véritable coopérative de main-d'œuvre, laquelle société sera seule propriétaire des actions de travail. Cette société autonome doit se constituer, en conformité de l'art. 68 de la loi de 1867, modifié par la loi du 1er août 1893, société commerciale, quel que soit son objet, d'après cette dernière loi.

Ce principe de la loi est donc dominant, et la société anonyme à participation ouvrière ne peut se constituer sans qu'en même temps la société coopérative de main-d'œuvre soit également fondée.

Le législateur nouveau crée donc, comme le dit le rapport, une entité juridique, propriétaire des actions de travail.

Le texte porte que cette société de main-d'œuvre comprendra obligatoirement et exclusivement tous les salariés attachés à l'entreprise depuis au moins un an, et âgés des plus de 21 ans.

Ce délai de un an a paru suffisant pour permettre à la société anonyme de connaître son personnel et d'apprécier la valeur de chacun de ces employés et ouvriers. De même, un minimum d'âge s'imposait.

Bien entendu, la perte de l'emploi salarié fait perdre au participant et sans indemnité, tous ses droits dans la coopérative de main-d'œuvre, sous la réserve formulée par l'art. 78. Il y a lieu ici de remarquer que l'art. 78 a remplacé dans le texte définitif l'ancien art. 79.

L'article vise ensuite la répartition des dividendes. Ces dividendes sont attribués à la société coopérative, entité juridique.

C'est cette coopérative de main-d'œuvre qui est propriétaire des actions de travail. C'est elle qui doit avoir la libre disposition des revenus de sa propriété, comme tout autre actionnaire.

Conformément à ses statuts, la collectivité ouvrière répartira ainsi les dividendes entre tous ses membres, en appréciant les services de chacun et en rémunérant proportionnellement ces services.

Cependant, il était une autre disposition que le législateur devait adopter. C'est celle relative au prélèvement par la société anonyme de l'intérêt du capital versé. C'est ce que prévoit le texte.

Ce prélèvement est juste, puisque l'action de capital a été payée alors que l'action de travail a été obtenue gratuitement, logique, puisque le travail ayant reçu avant tout dividende, une rémunération sous forme de salaire, l'action de travail doit, avant tout dividende, recevoir la rémunération nécessaire, parce que les capitaux n'iraient point à l'industrie, s'ils ne recevaient pas une juste rémunération.

ARTICLE 75

« **Les actions de travail sont nominatives, inscrites au nom de la société coopérative de main d'œuvre, inaliénables pendant toute la durée de la société à participation ouvrière et frappées d'un timbre indiquant l'inaliénabilité et l'incessibilité de ces actions** ».

Cet article ne comporte d'autres observations que celles-ci qu'il faut retenir : c'est que les actions de travail nominatives sont inaliénables pendant toute la durée de la société à participation ouvrière, incessibles et frappées d'un timbre rappelant ces deux servitudes.

On verra sous l'art. 78 quelle conséquence grave résulte de cette disposition absolue.

ARTICLE 76

« **Les participants à la société coopérative de main-d'œuvre sont représentés aux assemblées générales par des mandataires élus par ces participants, chacun de ceux-ci disposant pour cette élection d'autant de voix que son salaire annuel, établi sur les comptes arrêtés quinze jours avant l'assemblée générale, comprend de fois le chiffre du salaire le plus faible attribué par la société aux salariés âgés de plus de 21 ans. Ces élections ne sont valables que si les deux tiers des participants au moins ont assisté à la réunion où il y a été procédé.**

« **Les mandataires élus doivent être choisis parmi les participants. Leur nombre est fixé par les statuts de la société anonyme.**

« **Le nombre des voix dont disposent ces mandataires à chaque assemblée générale est au nombre des voix attribuées au capital qui y est représenté dans la même proportion que le nombre des actions de travail est à celui des actions de capital. Il est déterminé au début de chaque assemblée, d'après les indications de la feuille de présence.**

« **Les mandataires présents partagent également entre eux les voix qui leur sont ainsi attribuées, les plus âgés bénéficiant des voix restantes.**

En cas d'action judiciaire, les mandataires élus à la dernière assemblée générale désignent un ou plusieurs d'entre eux pour représenter les participants. Si aucune élection n'avait encore été faite, ou si aucun des mandataires élus ne faisait plus partie de la coopérative de main-d'œuvre, il serait procédé à l'élection de mandataires spéciaux dans les formes et conditions prévues au paragraphe premier du présent article. Toutes les décisions des assemblées générales coopératives de main-d'œuvre devront d'ailleurs être prises dans ces mêmes formes et conditions ».

Cet article règle la participation de la société coopérative de main-d'œuvre aux assemblées générales de la société anonyme. Il détermine les conditions dans lesquelles seront élus les représentants de la société coopérative pour représenter cette entité juridique aux assemblées générales de la société anonyme.

Il faut prêter attention à la base fixée par notre article pour établir le nombre de voix de chacun des membres de la coopérative, à l'élection de ses représentants aux assemblées générales de la société anonyme. Le projet primitif et amendé par le texte de la loi et qu'on retrouvera aux annexes était plus compliqué.

Notre texte prend pour base le salaire le plus faible, le participant au salaire le plus faible ayant une voix. Chacun des autres participants aura autant de voix que son salaire comprend de fois le chiffre de ce salaire minimum. Les mandataires de la société coopérative ne pourront être choisis que parmi les membres de cette société; le nombre de ces mandataires sera fixé par les statuts de la société anonyme. Il doit être supérieur ou au moins égal au nombre des administrateurs représentant la coopérative ouvrière au sein du conseil d'administration de la société anonyme.

La loi a prévu pour l'exercice des actions judiciaires qu'un seul ou un nombre restreint de mandataires serait chargé de représenter la collectivité.

Les mandataires ainsi élus voteront à l'assemblée des actionnaires en conformité des statuts de la société anonyme.

ARTICLE 77

« **Toutefois, les assemblées générales ordinaires ou extraordinaires des sociétés anonymes à participation ouvrière délibérant sur des modifications à apporter aux statuts ou sur des propositions de continuation de la société au-delà du terme fixé pour sa durée ou de dissolution avant ce terme, ne sont régulièrement constituées et ne peuvent valablement délibérer qu'autant qu'elles comprendront un nombre d'actionnaires représentant les trois quarts des actions de capital.**

« **Dans le cas où une décision de l'assemblée générale comporterait une modification dans les droits attachés aux actions de travail, cette décision ne sera définitive qu'après avoir été ratifiée par une assemblée générale de la coopérative de main-d'œuvre** ».

Cet article est l'adaptation à la loi nouvelle des dispositions de la loi du 22 nov. 1913.

ARTICLE 78

« **Le conseil d'administration de la société anonyme à participation ouvrière comprend des représentants de la société coopérative de main-d'œuvre; ces représentants sont élus par l'assemblée générale des actionnaires et choisis parmi les mandataires qui représentent la coopérative à cette assemblée générale. Le nombre en est fixé par le rapport qui existe entre les actions de travail et les actions de capital. Ils sont nommés pour le même temps que les autres administrateurs et sont comme eux rééligibles; toutefois, leur mandat prend fin s'ils cessent d'être salariés de la société et par suite membres de la coopérative. Si le conseil d'administration ne se compose que de trois membres, il devra comprendre tout au moins un représentant de la société ouvrière.** »

Cet article réglemente la coopération de la société ouvrière à l'administration de la société anonyme.

Le Conseil d'Administration de la société anonyme doit comprendre des administrateurs élus par l'assemblée générale de la coopérative et choisis parmi les mandataires qui représentent la coopérative à cette assemblée.

Le nombre des administrateurs est fixé par le rapport existant entre les actions de travail et les actions de capital. Nous avons vu, par l'art. 76, comment se trouve déterminé le nombre de voix accordé aux mandataires de la coopérative de main-d'œuvre, à l'assemblée générale des actionnaires. Cette règle servira à déterminer le nombre de représentants du personnel au sein du conseil d'administration. Si le conseil d'administration ne se compose que de trois membres, il devra comprendre au moins un représentant des ouvriers. Les représentants du personnel au conseil d'administration de la société anonyme sont élus par l'assemblée générale des actionnaires, comme les autres administrateurs. Mais ils sont nécessairement choisis parmi les mandataires de la coopérative ouvrière à l'assemblée générale des actionnaires.

Ici se pose une grave question que la loi n'a pas prévue et dont on cherche vainement la solution.

Aux termes de l'art. 22 de la loi du 24 juillet 1867, les administrateurs doivent être pris parmi les associés.

La jurisprudence est très sévère sur ce point, et elle n'admet pas que l'administrateur ne soit pas personnellement actionnaire. Voyez à cet égard Rodolphe Rousseau, *Traité des Sociétés*, n° 2189.

Or les représentants de la coopérative ouvrière ne sont pas personnellement actionnaires, puisque la loi prend très grand soin de préciser que les actions de travail appartiennent à l'entité juridique et ne sont la propriété d'aucun des membres personnels de cette entité.

D'après notre texte, il faut donc choisir l'administrateur représentant la coopérative ouvrière alors qu'il n'a pas d'actions. Il n'est pas personnellement actionnaire; il ne peut donc être administrateur, et le fonctionnement de la loi paraît singulièrement entravé tant qu'on n'aura pas apporté sur ce point une modification.

Cette observation est d'autant plus nécessaire qu'elle a été prévue par le rapporteur qui a mentionné dans son rapport qu'il avait été nécessaire en Angleterre de modifier la législation.

Le projet de M. Henri Chéron a été soumis à l'appréciation de la Chambre de Commerce de Paris. M. Pascalis a été chargé du rapport. Nous trouvons dans ce rapport l'exposé des idées que nous venons d'indiquer. Voici la réponse de M. Deloncle :

« M. Pascalis se demande aussi comment on fera la représentation des ouvriers au sein du conseil d'administration, tout administrateur devant être possesseur d'un certain nombre d'actions d'après la loi de 1867.

Nous pensons que nous avons suffisamment traité cette question; nous n'y reviendrons que pour ajouter que les statuts des sociétés anonymes constituées en vertu de la loi que nous soumettons à l'examen et à l'approbation du Sénat, pourront adapter leurs statuts à la fois aux principes généraux du Code de commerce et à ceux de la loi nouvelle pour éviter toutes les difficultés. Pour la difficulté à laquelle M. Pascalis a songé, il suffirait d'introduire dans les statuts de la société anonyme une clause autorisant les administrateurs à se substituer des mandataires (art. 22 de la loi de 1867). « La société ouvrière désignée comme administrateur par l'assemblée générale des actionnaires de la société anonyme se ferait alors représenter par un ou plusieurs ouvriers (ou employés) au conseil d'administration ».

La réponse du rapporteur n'est pas péremptoire et l'objection subsiste dans toute sa force. Sans doute, il n'y a pas impossibilité absolue à ce que l'entité juridique, société ouvrière, soit administrateur. Elle pourra, conformément à l'art. 22 de la loi de 1867 se substituer un mandataire mais ce mandataire ne pourra agir que sous la responsabilité de la société ouvrière et ne sera pas administrateur. Comment la société ouvrière qui n'est propriétaire que d'actions incessibles et inaliénables pourra-t-elle opérer le dépôt des titres imposé à tout administrateur par l'art. 26 de la loi de 1867? Comment ces titres incessibles et inaliénables pourront-ils garantir la gestion de l'administrateur?

L'objection que nous avons formulée et que M. Pascalis avait déjà développée subsiste donc dans toute sa force. Ce qui est vrai c'est qu'on marche à l'irresponsabilité absolue d'une catégorie d'administrateurs et cette catégorie d'administrateurs a, d'après la loi les mêmes pouvoirs, les mêmes droits que les administrateurs représentant la portion capital; voilà donc une modification à la loi, modification grave bouleversant toutes les idées juridiques.

ARTICLE 79

En cas de dissolution, l'actif social n'est réparti entre les actionnaires qu'après l'amortissement intégral des actions de capital.

« La part représentative des actions de travail, conformément aux décisions prises par l'Assemblée générale de la coopérative ouvrière convoquée à cet effet, est alors répartie entre les participants et anciens participants, comptant au moins dix ans de services consécutifs dans les établissements de la société, ou tout au moins une durée de services sans interruption égale à la moitié de la durée de la société ».

« Toutefois, les anciens participants ayant quitté la société pour cause de maladie ou de vieillesse, et après y avoir travaillé pendant plus de dix années consécutives ou tout au moins sans interruption pendant une durée égale à la moitié de la durée de la société ne figureront à la répartition que pour 9/10, 8/10, 7/10, etc., d'une part correspondant à la durée de leurs services, suivant qu'ils auront cessé leurs services depuis un an, deux ans, trois ans, etc... »

La dissolution de la société anonyme amène la dissolution de la coopérative de main-d'œuvre.

Cet article règle le partage du fonds social au moment de la dissolution de la société. Le texte tient compte des droits des anciens participants ayant travaillé dans la société pendant dix années ou pendant une durée de service égale à la moitié de la durée de la société, et qu'ils n'ont quitté leur poste que pour cause de maladie ou de dissolution.

Il eût été souverainement cruel que ces anciens travailleurs n'eussent aucune part dans la répartition d'un actif qu'ils ont contribué à créer. C'est à cela qu'a pourvu le texte.

La dissolution de la société anonyme entraîne nécessairement la dissolution de la société ouvrière.

ARTICLE 80

Les sociétés qui se conformeront aux dispositions précédentes seront affranchies de tous les droits de timbre et d'enregistrement, tant pour leurs statuts eux-mêmes que pour la part des augmentations de capital constituées en actions de travail.

« Celles dans lesquelles le nombre des actions de travail sera égal au moins au quart du nombre des actions de capital bénéficieront, en outre, pour leurs actions de travail des avantages accordés par l'article 21 de la loi du 30 décembre 1903, complété par l'article 25 de la loi de finances du 8 avril 1910, aux parts d'intérêts ou actions dans les sociétés de toute nature dites de coopération, formées exclusivement entre ouvriers et artisans. Ces mêmes titres seront, de plus, affranchis du droit proportionnel de timbre édicté par la loi du 5 juin 1850 et du droit de transmission établi par la loi du 23 juin 1857. Indépendamment des immunités fiscales ci-dessus prévues au paragraphe précédent, les sociétés à participation ouvrière bénéficieront des avantages accordés par les lois et décrets en vigueur aux sociétés coopératives en ce qui concerne les adjudications et soumissions de travaux publics. »

Cet article crée au profit des sociétés à participation ouvrière des immunités fiscales fort intéressantes.

ARTICLE 2 DE LA LOI DU 26 AVRIL 1917

Le 2e alinéa de l'article 64 de la loi du 24 juillet 1867 est complété par la disposition suivante :

« Si la société use de la faculté d'émettre des actions de travail, cette circonstance doit être mentionnée par l'addition de ces mots : « à participation ouvrière ».

Cet article a pour but, ainsi que nous l'avons dit, au début, de faire mentionner dans toute la publicité relative aux sociétés la formule « à participation ouvrière » ; cela est de toute nécessité.

RAPPORT

FAIT

Au nom de la Commission(1) *chargée d'examiner la proposition de loi de M.* Henry CHÉRON *et plusieurs de ses collègues relative aux* **sociétés par actions à participation ouvrière.**

PAR M. CHARLES DELONCLE

Sénateur

MESSIEURS,

Quand on étudie l'évolution en France de la vie économique et de la vie sociale depuis un siècle, on constate qu'au cours de cette période la situation morale et matérielle des travailleurs, en particulier des travailleurs du commerce et de l'industrie, s'est considérablement transformée. Le premier fait qui frappe, c'est l'augmentation considérable des salaires des ouvriers et des employés, salaires qui, depuis le début du XIXe siècle jusqu'en 1924, ont presque triplé, alors que le coût de la vie ne s'accroissait pendant le même temps que dans des proportions beaucoup moindres. Mais cette meilleure rémunération du travail n'est peut-être pas la plus importante des améliorations qui se soient

(1) Cette Commission est composée de MM. Laurent THIÉRY, *président*; Charles DELONCLE, *secrétaire*; Victor LOURTIES, REYNALD, PERCHOT, T. STEEG, FENOUX, Henry CHÉRON, HENRI MICHEL.

produites au cours de cette période, et surtout en ces cinquante dernières années dans le sort des salariés. En effet, depuis 1870, des lois nombreuses sont intervenues, à l'honneur de la IIIe République, qui ont rendu la vie ouvrière toute différente de ce qu'elle était auparavant, lui apportant, sinon le bien-être, du moins beaucoup de ce *mieux-être* auquel aspirent naturellement, et auquel ont certes droit tous ceux qui, par le dur labeur de l'usine, de l'atelier, de la terre, assurent à notre industrie et à notre commerce leur vitalité, à notre sol sa productivité, à la nation sa richesse.

A cet égard, on ne peut le nier, le Parlement républicain a accompli, malgré les quelques tâtonnements, les quelques imperfections — du reste inévitables — qu'on peut y relever, une œuvre démocratique des plus belles, des plus vastes et des plus fécondes, dont il nous paraît nécessaire de rappeler ici les points essentiels, avant d'arriver à l'examen de la proposition de loi que votre Commission à bien voulu nous confier le soin de rapporter et dont la portée et l'utilité vous apparaîtront, Messieurs, avec d'autant plus de force que nous aurons exposé les idées et les principes, les besoins et les tendances qui l'ont inspirée.

I

CONSIDÉRATIONS GÉNÉRALES

Les grandes lois ouvrières de la Troisième République

Nous venons de parler des salaires. Des lois sociales votées par la IIIe République, beaucoup n'ont pas eu d'autre objet que de les protéger. Le patronat ne devait-il pas être en effet, d'autant plus tenté de chercher à en diminuer la charge, que ces salaires allaient constamment et rapidement en s'élevant? Il fallait s'y opposer. C'est la loi du 12 janvier 1895 qui interdit de compenser le salaire avec les sommes dues au patron pour fournitures diverses d'aliments, de vêtements ou autres, en même temps qu'elle défend le salaire contre ses créanciers en limitant au dixième la portion saisissable et cessible des salaires. C'est la loi du 25 mars 1910 qui supprime les économats. C'est la loi du 7 septembre 1909 qui ordonne le payement des salaires en monnaie métallique ou fiduciaire ayant cours légal; c'est enfin et avant tout la grande loi du 21 mars 1884 sur les syndicats professionnels qui, en permettant aux ouvriers, aux employés de toutes catégories de se grouper en vue de l'étude et de la défense de leurs intérêts corporatifs, a placé en face du patron une collectivité ouvrière ayant qualité et autorité nécessaires pour discuter les conditions du travail et le taux du salaire avec les chefs d'entreprises.

On a bien dit que cette loi de 1884 n'a pas donné tous les résultats heureux que l'on était en droit d'en attendre; qu'elle en avait même produit parfois d'imprévus et de décevants, en préparant les conflits entre le capital et le travail au lieu de les prévenir, mais ces critiques qui ne peuvent s'adresser à la loi elle-même, mais à l'usage qu'en ont fait certains de ceux qui, du reste, étaient les plus opposés à son adoption, impressionnent beaucoup moins quand on considère l'ensemble des bienfaisants résultats sociaux que les organisations syndicales ouvrières ont obtenus, non pas seulement dans la défense des salaires, mais encore en concourant au développement de l'enseignement professionnel, à l'éclosion d'un grand nombre d'œuvres de prévoyance contre les risques du travail, des offices de placement gratuit, des caisses de chomage, des sociétés de production, de consommation et de crédit. La loi de 1884 est donc bien une grande loi démocratique, qui serait bien la loi de paix sociale qu'elle doit être si, comme depuis plusieurs années on le demande au Parlement et comme le réclame encore une proposition dont le Sénat est actuellement saisi, cette loi acccordait la personnalité et la capacité civiles aux syndicats professionnels et si elle leur permettait ainsi de constituer un patrimoine corporatif. C'est d'ailleurs ce que pensait Waldeck-Rousseau, le promoteur de cette loi, lorsqu'il proposait, quatorze ans après en avoir obtenu le vote par le parlement, de la reviser dans le sens que nous indiquons. « J'ai la conviction profonde, disait Waldeck-Rousseau, que devenus capables de recevoir et d'employer des capitaux d'épargne, profitant des expériences faites, présentant une solvabilité incontestable, les syndicats professionnels doivent devenir des générateurs d'associations ouvrières, les agents décisifs de la grande évolution qui est à nos yeux la solution de l'avenir, l'acccession du salariat à la propriété industrielle et commerciale. »

L'intervention du législateur s'est aussi manifestée dans l'organisation du travail industriel et commercial, notamment pour la limitation légale de la *journée de travail.* La loi du 9 septembre 1848 avait limité à 12 heures la durée de la journée de travail pour les adultes; les lois du 2 novembre 1895, du 30 mars et du 29 décembre 1900, du 13 juillet 1906, du 26 novembre 1909 et du 22 décembre 1911 sont là pour prouver combien a été tenace et continu l'effort poursuivi par le Parlement en vue d'améliorer les conditions de travail aussi bien pour les femmes et les enfants que pour les ouvriers adultes. La classe ouvrière doit, par exemple, à la loi du 30 mars 1900 l'abaissement à 10 heures de la journée de travail dans les établissements mixtes et à la loi du 29 juin 1905 la journée de 8 heures dans les mines.

Mais ce n'est pas seulement en diminuant la durée du travail que les pouvoirs publics on entendu protéger le travailleur contre l'excès de fatigue provenant de son effort continu, parfois accompli, à l'usine ou l'atelier, dans d'imparfaites conditions d'hygiène. La loi du 13 juillet 1906 a établi le repos hebdomadaire pour tous les ouvriers et employés de l'industrie et du commerce, tandis que de nombreuses lois, notamment celle du 12 juin 1893 et celle du 11 juillet 1903, par des prescriptions aussi sévères que précises, destinées à mettre à l'abri, autant que possible, les ouvriers de l'industrie des accidents et des maladies, ont exigé dans l'installation et le fonctionnement d'un grand nombre d'établissements industriels de sérieuses garanties d'hygiène et de sécurité pour les travailleurs. Plus tard, la loi du 9 avril 1898, profondément modifiée et rendue d'une application pratique par la loi du 24 mai 1899, inscrivait dans nos codes des principes nouveaux, le *risque professionnel* et la *responsabilité de l'employeur en cas d'accident de l'employé,* tandis que les lois du 30 juin 1899, du 22 mars 1902, du 31 mars 1905, du 12 avril 1906 et du 18 juillet 1907 ne devaient pas tarder à étendre l'application de ces principes soit aux exploitations forestières, soit aux accidents causés par l'emploi de machines à moteurs inanimés dans les exploitations agricoles, soit aux accidents survenus dans les exploitations commerciales.

Dans un ordre d'idées tout voisin, le Parlement s'est attaché à assurer le salarié contre le *risque maladie* et contre le *risque invalidité.* De nombreuses études ont été faites, des projets et des propositions de loi ont été élaborés sur ces problèmes complexes et délicats, mais si, jusqu'à présent, ces problèmes n'ont pu être encore solutionnés, le Parlement, par la loi du 5 avril 1910 sur *les retraites ouvrières et paysannes* (1), a assuré l'ouvrier contre le *risque vieillesse*, en lui permettant d'avoir un jour une retraite qui, bien que tardive et insuffisante, ne doit pas moins contribuer à améliorer son sort sur ses vieux jours.

Ne devons-nous pas, d'autre part, noter ici à ce propos, l'action méthodique menée par les pouvoirs publics en vue de provoquer dans notre pays la création, la multiplication et l'extension sur tous les points du territoire de ces *sociétés de retraites et de secours mutuels*, aux formes si variées, si multiples, appropriées aux aspirations et aux besoins de chaque catégorie d'intéressés et destinées notamment à assurer contre le *risque maladie* comme contre le *risque vieillesse*? La Mutualité qui, il y a trente ans, n'existait en France qu'à l'état pour ainsi dire embryonnaire, représentée par quelques groupements, nés de l'initiative de rares esprits clairvoyants et audacieux, s'est, à la faveur des lois votées par le Parlement, des encouragements donnés par lui, des directions qu'il a indiquées, merveilleusement épanouie, étendant partout ses bienfaits.

Mais, à côté des diverses mesures législatives prises en vue de développer chez tous l'esprit de prévoyance, le souci du lendemain, nous devons rappeler que des lois nombreuses d'assistance ont été promulguées en ces quarante dernieres années qui ont eu pour but de venir en aide à tous ceux qui, le plus souvent par suite d'une implacable adversité, tombent dans la misère et que les plus élémentaires principes d'humanité et de solidarité

(1) Modifiée par diverses lois et notamment par la Loi de finance, du 27 février 1912. — Nous négligeons dans cet exposé forcément succinct bien des lois spéciales visant certaines catégories d'ouvriers et d'employés, comme la loi du 29 juin 1894, depuis complétée, sur les caisses de secours et de retraites des ouvriers mineurs, les lois des 21 juillet 1909 et 28 décembre 1811 sur les retraites des ouvriers et employés de chemins de fer, etc., etc.

sociale font à la collectivité, à la Nation, un impérieux devoir de secourir! Incontestablement, une meilleure organisation de la société devrait un jour réduire à néant pour ainsi dire le nombre de ceux que l'Etat est obligé d'assister. Toutefois, et en attendant, comment ne pas reconnaître que nos services publics d'assistance, si nombreux, si largement dotés, ayant en 1914 un budget annuel de plus de 400 millions, sans parler de ceux si importants dus à l'initiative privée, ont rendu d'immenses services et que des lois comme celle du 14 juillet 1889 sur l'éducation des enfants moralement abandonnés, du 15 juillet 1893 sur l'assistance obligatoire aux vieillards, aux infirmes et aux incurables, les lois des 17 juin 1913, 30 juillet 1913 et 5 août 1914 sur l'assistance des femmes en couches, la loi du 14 juillet 1913 sur les familles nombreuses, etc., etc., dénotent une constante préoccupation de pratiquer les principes d'une large solidarité sociale qui sont, d'ailleurs, la raison d'être de tout régime républicain?

A toutes ces réformes, à l'élaboration desquelles, en ces dernières années, la création d'un Ministère du Travail a tant contribué, il conviendrait encore, si nous ne devions être brefs, d'ajouter l'ensemble des lois qui ont été promulguées pour améliorer la situation des travailleurs en leur procurant une vie plus confortable, une alimentation meilleure et plus économique, une habitation « à bon marché », et en particulier la loi du 1er août 1893 et surtout celle du 18 décembre 1915, dont notre collègue M. Henry Chéron fut l'éloquent rapporteur, toutes deux ayant pour but, en modifiant et en complétant la loi de 1867, de développer les associations coopératives de production et de consommation et d'instituer le *Crédit au travail* appelé à fournir à ces groupements ouvriers les moyens d'action sans lesquels leur fonctionnement serait impossible.

Cependant, nous ne pouvons ne pas souligner, en terminant ce rapide exposé de l'œuvre accomplie en faveur des classes ouvrières par la IIIe République, alors surtout que nous nous proposons d'examiner un projet de loi ayant pour but de rapprocher et d'associer le capital et le travail, l'effort réalisé par les pouvoirs publics pour trancher, concilier ou juger les conflits individuels ou collectifs pouvant surgir entre ces deux facteurs de la production? Après les lois du 7 février 1880, des 11 décembre 1884 et 15 juillet 1905, la loi organique du 27 mars 1907, complétée par les lois des 13 et 15 novembre 1908 et du 8 mars 1912, a considérablement étendu la compétence des juridictions prud'hommales, tandis que la loi du 27 décembre 1892 a donné aux patrons et aux ouvriers une organisation officielle permettant, dans un but de pacification sociale, de soumettre à une procédure méthodique, à un arbitrage offrant les plus sérieuses garanties, tous les différends survenant entre employeurs et salariés.

Le problème des rapports du capital et du travail

Est-ce à dire que cette série de réformes représente tout l'effort social que la classe ouvrière attend du régime qu'elle a tant contribué à fonder et à maintenir? Evidemment non. Comme l'a écrit notre éminent collègue, M. Léon Bourgeois, « il y a bien au-dessus de nous, autour de nous, nous enserrant de toutes manières, une solidarité naturelle dont nous ne pouvons nous dégager et nous naissons tous débiteurs les uns des autres ». Jamais cette solidarité ne nous est aussi bien apparue que pendant cette longue et terrible guerre; jamais à coup sûr elle ne s'est plus magnifiquement affirmée que depuis vingt-huit mois dans les hauts faits de nos armées héroïques, comme dans les actes du Parlement, mais cette solidarité nationale nous ordonne, aujourd'hui plus que jamais, à côté des mesures prises ou à prendre pour secourir les misères ou relever les ruines qui proviennent de la guerre, de ne pas perdre de vue l'œuvre générale qui s'impose à notre démocratie. Si donc, ce qui a été déjà fait de cette œuvre générale était à retracer, la tâche accomplie présente, on le voit, bien des lacunes et apparaît relativement modeste à coté de celle que la République doit mener à bien si elle veut répondre aux aspirations du pays et du même coup continuer à justifier la confiance que le pays lui a depuis quarante ans fidèlement conservée.

Il est bien évident que, pendant la période que nous traversons, notre esprit devait être entièrement absorbé par les graves et spéciales préoccupations que nous créent les heures tragiques que nous vivons, mais l'heure est peut-être déjà venue de se souvenir qu'avant la guerre des problèmes se posaient, nombreux et pressants, qui se poseront à nouveau après la guerre *d'une façon plus pressante encore et avec plus d'acuité*, réclamant d'autant plus de promptes solutions, que ces solutions pourront contribuer à rendre plus rapide l'essor de notre production, le relèvement de notre pays, et le développement de notre commerce et de notre industrie.

Avant la guerre, les ouvriers et les employés des villes, de l'usine, de l'atelier, du bureau, se plaignaient de leur sort et des conflits s'élevaient trop souvent entre le capital et le travail. Des grèves éclataient assez fréquemment, dans tous les cas plus nombreuses que jadis, parfois, certes, pour des motifs futiles qui auraient pu aisément être écartés, si l'on avait montré, de part et d'autre, moins d'intransigeance, un plus grand esprit de conciliation, mais parfois aussi pour des raisons sérieuses. Or ces grèves se reproduiraient demain si on ne cherchait pas et si on ne parvenait pas à les écarter. Aucun esprit réfléchi ne peut le nier : un antagonisme existe entre le capital et le travail qui ira plutôt en s'accentuant, tout au moins dans la grande industrie, si on ne recherche pas des formules nouvelles capables de les rapprocher, de les accorder, de les unir, dans l'intérêt de l'un comme de l'autre de ces deux éléments de la production. C'est de cet antagonisme qu'est née la lutte de classes et c'est de son aggravation que la lutte de classes risquerait de devenir plus âpre et plus violente.

Mais d'où vient cet antagonisme? Il vient de la situation même des salariés, dans les ateliers ou les usines auxquels ils sont attachés. Le plus souvent, en effet, surtout depuis la spécialisation de plus en plus poussée du travail et le développement du machinisme, qui l'un et l'autre, tuent l'initiative, rien n'attache l'ouvrier à cette usine, à cet atelier, ni l'essor de l'entreprise, ni les difficultés économiques avec lesquelles son patron est aux prises, *rien*, si ce n'est son salaire, à la défense et à l'amélioration duquel il est alors conduit à consacrer, en dehors de ses heures de travail, les facultés de son intelligence, les ressources de son énergie... Qu'il trouve ailleurs un salaire plus élevé, il abandonne la maison où il est; que, sous l'influence de groupements corporatifs, que guident fréquemment malheureusement des préoccupations d'ordre politique, il soit persuadé, à tort ou à raison, qu'il n'est pas suffisamment payé, il entraînera ses camarades à demander avec lui un relèvement de salaires sans se préoccuper des conséquences que ses exigences peuvent avoir. Aussitôt les difficultés surgissent entre le capital et le travail, aussitôt naît le conflit. Si le patron cède, ce peut être pour l'entreprise, sinon la ruine prochaine, du moins une diminution de prospérité qui peut la mettre en état d'infériorité vis-à-vis des entreprises concurrentes, l'arrêter dans son extension. Si le patron refuse, ce peut être la grève avec ses terribles conséquences, préjudiciables non seulement au deux éléments de la production entrés en lutte, mais à la prospérité générale, à l'intérêt du pays.

Ce sont des considérations de cet ordre qui ont amené peu à peu un grand nombre d'excellents esprits, fort peu révolutionnaires, à reconnaître que la situation faite à l'ouvrier, à l'employé, aux travailleurs, dans notre société moderne, n'est pas en dehors de toute considération de justice ou de sentiment, conforme à l'intérêt même de ceux qui ont recours à leurs services et favorable à l'essor du commerce, de l'industrie, à l'accroissement de la fortune de la nation.

Le salariat leur apparaît avec raison comme une vieille formule qui n'est plus en harmonie à la fois avec les aspirations de tout un monde de travailleurs que l'on sait avec raison appliqué à instruire, à guider, qui voit et qui comprend, qui a de plus en plus conscience de ce qu'il vaut, et avec les intérêts économiques du pays. Pour eux l'heure est venue de substituer au salariat pur et simple une conception nouvelle de la rémunération du travail, une conception reposant sur une plus logique association des intérêts et des efforts et sur une plus équitable répartition des bénéfices résultant de cette association.

Et ces idées ne se trouvent pas seulement préconisées sous la plume d'un grand nombre d'économistes et de sociologues qui se sont plus spécialement adonnés à l'étude du problème des rapports du capital et du travail. Les hommes les plus éminents du Parlement n'ont pas hésité à se prononcer en leur faveur, le problème qui se pose ayant, au surplus, un intérêt social et économique.

En 1910, au moment de la discussion au Sénat de la loi sur les retraites ouvrières, M. Ribot disait à cette assemblée : On parle, et on a raison de le faire, de bénéfices partagés, d'*actions de travail* et d'*actions de capital*. On cherche, et c'est difficile, le moyen d'associer ainsi plus intimement le capital et le travail et de donner aux ouvriers le sentiment des difficultés d'une administration et de la nécessité pour eux de ne pas lui créer trop d'embarras et de se prêter à une collaboration sincère. Ce ne sont pas là des utopies et des chimères. *Si nous ne faisons rien en ce sens, nous allons, il faut le dire, à des conflits inévitables* ».

Déjà, en 1909, dans son discours de Neubourg, M. Aristide Briand avait émis des vues générales dans un sens analogue lorsqu'il disait :

« Voilà une usine qui se fonde, née, le plus souvent, de combinaisons financières. Pensez que le spéculateur peut accaparer à perpétuité 50 0/0 des bénéfices que produira cette activité commune. Est-ce que le Gouvernement républicain répugnerait à donner aux groupements ouvriers une part des bénéfices? Serait-ce porter atteinte à la nation? Et alors, voyez quels changements! Si les groupements ouvriers organisés avaient une part de propriété, de contrôle et d'administration, est-ce qu'ils ne seraient pas obligés de prendre conscience des conditions dans lesquelles on peut seulement servir les intérêts de l'entreprise? »

Peu après, le 12 mai 1910, M. Briand, Président du Conseil, déclarait à Saint-Chamond : « Il faut que la prochaine législature envisage d'une manière résolue la participation des travailleurs aux bénéfices des industries. Il faut qu'une législation s'élabore qui n'imposera pas de contrainte, mais qui fournira aux travailleurs et aux capitalistes le moyen de constituer des associations basées sur des actions argent et des actions travail. »

En 1912, M. Briand précisait davantage encore sa pensée, dans la belle préface qu'il écrivait à un ouvrage de M. Etienne Antonelli, chargé de cours à la Faculté de droit, dont j'aurai l'occasion de parler à nouveau au cours de ce rapport (1) : « Après avoir établi le statut juridique qu'a rendu nécessaire l'éclosion du monde ouvrier à la vie syndicale, le législateur se doit, en effet, de donner un aliment à cette activité nouvelle. Or, ce n'est que dans l'administration et la gestion des grands intérêts économiques que les travailleurs organisés trouveront l'emploi logique d'une vitalité qui risque de s'étioler en se confinant dans la seule défense des intérêts corporatifs ou de se dépenser sans profit positif en des manifestations bruyantes et stériles. Mais il importe de ne confier que progressivement et avec précaution des intérêts par essence même complexes et délicats à des travailleurs dont l'éducation économique est encore imparfaite.

« On doit, d'autre part, faire confiance aux chefs d'entreprise. Les conditions mêmes d'une concurrence commerciale intensifiée rendent chaque jour plus évident l'avantage qu'ils trouveraient à ce que les ouvriers cessent d'être désintéressés du sort et des résultats de l'entreprise et soient, au contraire, incités à donner à leur travail son maximum de rendement en quantité et en qualité.

« La législation, s'inspirant de ces considérations, doit donc fournir aux travailleurs et aux capitalistes, sans leur imposer aucune contrainte, le moyen de constituer des associations juridiques qui assureront dans la liberté des conventions la participation des travailleurs et des capitalistes *à la gestion et aux bénéfices des entreprises* ».

On le voit : de tous les problèmes qui s'offrent à l'attention du législateur, aucun, peut-être, dans l'ordre social et économique, n'a pas d'importance. M. Briand l'a posé avec force et avec précision. La proposition que nous avons été chargé de rapporter et que vous êtes appelés, Messieurs, à examiner, cherche à en indiquer et à en faciliter la solution. Déjà, en 1913, M. Henry Chéron étant Ministre du Travail en avait saisi le Parlement. Vous comprendrez, par suite, que votre Commission ait examiné cette proposition avec un soin particulier, et vous excuserez la longueur de l'étude que votre rapporteur a été amené à lui consacrer.

La participation aux bénéfices

Certes, depuis très longtemps, on a songé à associer le capital et le travail, à rémunérer le travail autrement que par le *salaire au temps* et le *salaire aux pièces*, à le faire participer aux bénéfices du patronat. C'est de cette préoccupation qu'est née, en effet, il y a près de 70 ans, « la participation aux bénéfices » que des industriels et

(1) Etienne Antonelli : *Les actions de travail dans les sociétés anonymes à participation ouvrière.*

des commerçants ont appliquée et réalisée, poussés par des sentiments de philanthropie ou simplement de pure équité et souvent aussi par la conviction fondée qu'en y ayant recours, ils contribueraient à assurer davantage le succès de leurs entreprises. M. Charles Robert a donné de la participation aux bénéfices, une définition excellente : « Elle est « une libre convention, expresse ou tacite, suivant les cas, « par laquelle un patron donne à son ouvrier, en sus du « salaire normal, « une part dans les bénéfices, sans participation « aux pertes. ».

Elle n'a pas le caractère d'une association. Le salarié, si l'affaire donne des bénéfices, touchera en plus de son salaire une part de bénéfices; si l'affaire laisse des pertes, le salarié ne sera pas atteint par ces pertes; il n'y participera pas. C'est déjà là, a écrit M. Levasseur, une forme perfectionnée; elle apporte, elle peut du moins apporter, sans risques, un supplément de rémunération, un *sursalaire*; au patron une garantie que le rendement de la production ouvrière sera élevé, que le travail sera mieux fait, que son personnel lui sera plus fidèle et plus dévoué, étant donné que de la prospérité de l'entreprise dépend l'amélioration du sort de ce personnel.

La participation aux bénéfices, dont nous venons d'indiquer le principe n'a pas tardé dans l'application à revêtir des formes diverses depuis l'époque où, vers 1842, le peintre en bâtiment Leclaire, qui en est regardé comme le promoteur en France, l'introduisit dans sa maison, si bien que c'est par des combinaisons et avec des modalités très différentes que des industriels et commerçants français et étrangers y ont eu recours et en ont usé.

Ici, nous trouvons le *quantum des bénéfices* distribués chaque année au personnel varié et les intéressés ne le connaissent pas à l'avance. C'est la participation sans quantum déterminé. Ailleurs, et c'est le cas le plus fréquent, la proportion pour cent des bénéfices à répartir entre les employés et ouvriers est fixe et annoncée à l'avance. C'est la participation à *quantum déterminé*. Dans certaines maisons très importantes, la participation, est organisée par groupes ou branches d'entreprises, l'ouvrier ayant une part de bénéfices proportionnelle non pas aux bénéfices de toute l'entreprise, mais seulement au bénéfice du groupe ou de la branche d'entreprise dont il fait partie. Le mode de répartition est aussi très variable. Dans telle maison, la répartition du produit de la participation sera faite au prorata des salaires; dans telle autre d'après l'ancienneté, tandis que dans une troisième, ces deux modes seront combinés, parfois même ailleurs encore avec l'importance, la valeur des services, la nature des fonctions, la production individuelle, etc. Ces modes d'attribution ne sont pas les seuls qui se rencontrent. Parfois même, on préfère répartir les bénéfices d'après le chiffre des versements effectués par les participants dans une caisse d'épargne ou de dépôts, et ce, afin de stimuler chez le personnel le goût de l'épargne. Cette dernière manière d'agir fait aussitôt apparaître que l'on peut concevoir aussi deux formes de participation : la *participation individuelle* remettant à chaque salarié sa part de bénéfices et la *répartition collective* versée en bloc dans la caisse d'une société de secours, d'épargne ou de retraites. On peut encore supposer que les parts sont payées comptant à chaque exercice, ou bien que le montant est inscrit sur des livrets individuels ces sommes se capitalisant et chaque intéressé n'entrant en jouissance du produit capitalisé de sa participation qu'au moment où il remplit certaines conditions d'âge ou de durée de services. Dans le premier cas, la répartition est *immédiate*; dans le second, elle est *différée*.

Cependant, malgré la souplesse, malgré l'ingéniosité de toutes ces combinaisons, la participation aux bénéfices n'a donné que des résultats assez médiocres, bien inférieurs dans tous les cas à ceux qu'avaient escomptés ses promoteurs, et c'est fort regrettable au surplus, car elle méritait un sort meilleur que celui qu'elle a rencontré. Dans tous les cas, sa pratique s'est peu étendue, malgré la propagande active de tous ceux qui, non sans raison, préconisaient ce moyen d'apaiser les conflits entre employeurs et employés, notamment par la Société pour l'étude de la participation aux bénéfices et son actif secrétaire général, M. Albert Trombert, aux efforts desquels il convient de rendre hommage.

A quoi cela tient-il? A des motifs divers dont la recherche et l'examen détaillés ne sauraient trouver place dans ce rapport. Il est nécessaire, toutefois, que nous indiquions ici les raisons essentielles pour lesquelles la participation aux bénéfices pure et simple ne s'est pas généralisée et n'a, dans tous les cas, donné dans la grande industrie que des résultats insuffisants. Certaines de ces raisons ont été, d'ailleurs, fort exactement mises en lumière, dans son ouvrage si documenté sur les *Actions de travail*, par un homme de grand talent, M. Jean Granier, que la guerre nous a enlevé.

La participation aux bénéfices, dit M. Jean Granier, ne modifie pas la mentalité actuelle de l'ouvrier. « Par la participation, les ouvriers sont et restent des salariés; ils ne considèrent le supplément de rémunération qui leur est offert par le bénéfice que comme une restitution qui leur est faite par les capitalistes: Au lieu d'y voir une manière d'association, ils ne se représentent la part de bénéfice que comme un moyen patronal destiné à enrayer leurs revendications futures. Ils ne sont pas encouragés de ce fait à travailler de façon supérieure, ils ne s'y croient point obligés. L'intérêt qu'ils ont à cette combinaison est vraiment trop dilué; ils préfèrent de beaucoup le sursalaire ou le salaire à la tâche qui leur donnent des avantages plus immédiats. Ce sont les raisons qui font que la participation aux bénéfices n'empêche pas les coalitions ouvrières et les mouvements de grèves ».

D'autre part, si les bénéfices, comme cela arrive parfois, sont consacrés à des œuvres de prévoyance, « les ouvriers n'y voient pas d'intérêt immédiat et la participation n'a aucune influence sur eux ». De son côté, M. Souchon affirme que les salariés n'apprécient pas ces initiatives patronales « parce que, disent-ils, les institutions de prévoyance que crée le patron avec l'argent de la participation, il serait peut-être obligé de les avoir sans elle. Dès lors, on l'accuse d'assurer des charges qui sont naturellement les siennes avec l'argent des ouvriers et il y a là un germe de défiance ».

Quoi qu'il en soit, avec la participation pure et simple, le salarié n'a qu'un droit, celui de percevoir chaque année, si l'affaire à laquelle il est attaché a donné des bénéfices suffisants, une certaine somme, représentant sa part dans ces bénéfices, mais il n'est rien dans l'entreprise, il n'a dans sa gestion aucun droit, c'est à peine s'il a le droit de vérifier les livres pour s'assurer que la répartition a été régulièrement faite. La participation ainsi comprise, est un essai timide et insuffisant d'amélioration du salariat, une demi-mesure, laissant au salariat son caractère, n'accordant au salarié aucune co-propriété de l'actif social, aucune part dans la gestion de l'entreprise. Et c'est pourquoi, si dans les entreprises peu importantes la participation aux bénéfices, bien adaptée d'ailleurs au milieu et au caractère de l'entreprise, demeure un moyen efficace d'aplanir les difficultés entre l'employeur et l'employé, il est inopérant quand il s'agit de la grande industrie, des grandes entreprises.

On est en droit aussi de dire que peut-être le peu de succès d'un système qui a donné cependant dans maintes organisations industrielles et commerciales d'heureux résultats provient de ce que, contrairement à ce qu'en pensent les adversaires de tout interventionnisme de l'État en pareille matière, la participation aux bénéfices n'a jamais été l'objet d'un texte de loi définissant son but, fixant ses conséquences juridiques. Outre qu'une législation spéciale sur la matière, législation qui n'aurait du reste imposé aux intéressés aucune forme particulière de participation, aurait appelé l'attention du monde du travail comme du monde capitaliste sur les avantages du système, un texte de loi aurait facilité l'application de la participation aux bénéfices en indiquant les obligations réciproques des parties contractantes, au lieu de laisser ce soin à une jurisprudence demeurée jusqu'à présent hésitante et parfois même contradictoire. Nous avons dit que le contrat de participation aux bénéfices ne faisait pas du participant un associé et il semble bien que, sur ce point, la jurisprudence a définitivement tranché la question, mais si le contrat de louage ne se trouve pas transformé en contrat d'association par le seul fait que des ouvriers et des employés sont intéressés dans une affaire par une participation aux bénéfices, il résulte toutefois de certains jugements que des clauses accessoires du contrat peuvent donner à ces ouvriers, à ces employés, la qualité d'associé. D'autre part, alors même que le contrat n'en parlerait pas, les participants ont-ils un droit de contrôle, peuvent-ils exiger la communication des livres? Est-ce là pour eux *un droit* et, dans le cas de l'affirmative, peuvent-ils y renoncer valablement? La jurisprudence sur tous ces points ne paraît pas nettement établie, puisque l'on peut présenter sur la matière des décisions de justice très différentes.

A diverses reprises, le Parlement a été saisi de projets ou de propositions de loi ayant pour objet de réglementer la participation, et particulièrement d'établir les conditions du contrôle du personnel dans les maisons où elle fonctionne. Il est à regretter que le Parlement n'ait pas examiné ces divers projets ou propositions ou qu'il les ait écartés. En 1888, M. Floquet déposait sur le bureau de la Chambre, au nom du Gouvernement, un projet de loi sur les *sociétés coopératives* et le *contrat de participation aux bénéfices* (1). Ce fut notre éminent collègue M. Paul Doumer, alors député, qui, chargé de le rapporter, concluait à son adoption, en insistant sur la nécessité d'encourager la participation aux bénéfices, et pour cela de prévoir et de régler par un texte de loi toutes les contestations pouvant s'élever entre patrons et participants. Le projet visait quatre espèces de sociétés coopératives, les sociétés de consommation, les sociétés de production, celles de crédit et enfin les sociétés mixtes, agricoles ou autres, en même temps que le contrat de participation aux bénéfices. Après une double délibération dans les deux Chambres, il allait aboutir, lorsque le Sénat, le 13 mars 1896, refusa aux coopératives de consommation toutes immunités fiscales, ce qui entraînait le rejet du projet tout entier, alors qu'il eût été possible d'en détacher pour en faire l'objet d'une loi spéciale les quelques articles ayant trait à la participation.

En 1906, notre collègue M. Doumer qui, avec une si louable ténacité et une compétence toute particulière, s'est, à maintes reprises, préoccupé de ces problèmes, reprenait à nouveau la question en déposant une proposition sur la coopération ouvrière de production et la participation. On sait que, depuis, la loi du 18 décembre 1915 a donné un statut aux associations ouvrières de production. Mais la question de la participation aux bénéfices n'a pas été reprise. MM. Ballande et Tournade, députés, ont également déposé des propositions sur la participation aux bénéfices, mais aucune de ces propositions n'est venue en discussion.

La participation au capital

Se rendant compte des inconvénients de la participation pure et simple aux bénéfices, certains commerçants, certains industriels en sont arrivés, peu à peu, à envisager un autre moyen de parvenir à faire cesser les difficultés surgissant entre eux et leur personnel, en faisant d'eux des co-associés, en les faisant participer au capital, parfois même à l'administration des entreprises. L'ouvrier, l'employé étant actionnaires, ne devait-on pas attendre d'eux une collaboration plus active, plus fidèle et plus régulière? Devenu possesseur en pleine propriété, comme le capitaliste lui-même, de plusieurs actions, chacun des ouvriers, chacun des employés attachés à une entreprise ne serait-il pas davantage intéressé à la bonne marche de ces entreprises et ainsi n'aurait-on pas créé un régime mettant fin aux conflits surgissant entre le capital et le travail?

Divers procédés ont donc été mis en pratique pour permettre au travailleur d'acquérir des actions. Le plus simple consistait évidemment à lui demander de payer ces actions sur ses économies et à lui faciliter cet achat en faisant des actions ou des coupures d'actions émises à un prix peu élevé et en accordant des facilités de payement. Plusieurs entreprises industrielles et commerciales ont été créées en France et à l'étranger et appliquent ce système qui, de suite, nous apparaît comme ne pouvant réussir que dans des cas tout à fait exceptionnels et ne pouvant nous apporter la solution des conflits entre le capital et le travail. Comme on l'a justement dit, il est en effet singulier de chercher cette solution dans le payement par l'ouvrier d'actions industrielles, alors que l'ouvrier qui lutte constamment pour l'obtention d'une condition meilleure, se plaint précisément de la modicité de ses rémunérations de salaire (1).

(1) Chambre, 16 juillet 1888, ann. n° 1057, page 2968.

(1) L'une des plus importantes organisations de ce type existe en Amérique, créée par la *Corporation des Aciers des États-Unis*. D'après un document tout récent publié par la presse américaine, voici comment les choses se passent :

En temps ordinaire, la corporation offre les actions tant ordinaires que privilégiées à un prix fixé par elle sur les bases des moyennes de la cote sur le marché pendant la période qui a précédé l'époque où la souscription est ouverte (janvier-février). On dresse une liste indiquant le nombre d'actions auquel l'employé peut souscrire en accord avec le montant annuel des appointements ou du salaire de l'employé. — Le souscripteur est libre de fixer le fractionnement de la libé-

Au surplus, avec ce moyen par trop simple il n'y a jamais qu'un nombre d'ouvriers ou d'employés qui peuvent acquérir des actions des entreprises dans lesquelles ils travaillent; les sociétés qui font ainsi appel aux souscriptions de leur personnel mettent d'ailleurs à ces souscriptions des conditions qui ne permettent pas à tout ce personnel d'en profiter. Par suite, ce n'est jamais qu'une minorité qui, avec ses épargnes, ses économies, peut arriver à posséder des actions de ces entreprises.

Une autre combinaison pour permettre aux ouvriers et employés de devenir actionnaires consiste à les rendre propriétaires de ces actions par des retenues sur leurs salaires. C'est ce régime que sir Christopher Furness, membre du Parlement et industriel anglais, avait appliqué dans ses *ateliers de constructions navales*, afin, pensait-il, de pouvoir « s'assurer une main-d'œuvre régulière et constante ». La participation au capital peut, du reste, être facultative ou obligatoire, de façon à faire des actionnaires de tous les ouvriers ou seulement d'une partie d'entre. Enfin, un troisième système consiste à faire précéder la participation au capital d'une participation aux bénéfices. Pendant un certain nombre d'années les sommes revenant à l'ouvrier, à l'employé sur les bénéfices sont mises de coté et transformées en actions, en parts de capital au fur et à mesure que l'importance de ces sommes le permet. Lorsque le participant quitte la maison, la valeur des actions qu'il a ainsi obtenues par l'accumulation de ses parts dans les bénéfices annuels lui est remboursée.

C'est ce qui a été fait dès 1848 par la maison La Roche-Joubert, à Angoulême; c'est le système qui s'est plus tard répandu en Angleterre sous l'influence de la propagande de la *Labour-Copartnership Association*, société qui s'est fondée pour propager la participation des salariés au capital des établissements auxquels ils sont attachés et qui, dès 1909, enregistrait 112 maisons anglaises faisant plus de 100 millions de francs d'affaires et ayant fait arriver leurs employés et leurs ouvriers à l'actionnariat par une préalable participation aux bénéfices.

Les résultats obtenus par ces applications ont été d'une façon générale satisfaisants; ils ont donné lieu cependant, parfois, à des mécomptes dont il est assez difficile de déceler les causes. Nous ne croyons pas, du reste, que, même alors que l'achat d'actions s'effectuerait à l'aide des *bonis* réalisés par l'ouvrier, grâce à sa part de bénéfices dans l'entreprise, le fait que celui-ci soit *obligé* d'employer ainsi une partie de son gain, soit un principe heureux. L'actionnariat ouvrier ne doit pas s'acquérir par une obligation, par une contrainte : il devient alors suspect à l'intéressé, trop souvent méfiant à l'égard de tout ce qui lui vient du patronat.

---

ration à la condition qu'il ne dépassera 25 0/0 de son salaire mensuel et que les versements seront suffisants pour que la libération complète soit effectuée avant l'expiration de la troisième année. Le montant du versement mensuel, ainsi consenti par l'employé, est retenu sur le salaire mensuel et affecté à sa souscription. Durant la période de libération, les intérêts sont comptés sur les sommes à percevoir, de telle manière qu'à la clôture le compte se trouve balancé. Durant cette période, aussi, le souscripteur est crédité de tout dividende déclaré.

Pour inciter le souscripteur à garder les parts ainsi souscrites, la Corporation consent à payer pendant cinq ans un boni sur présentation annuelle du certificat au trésorier de la société des employés. Le montant de ce boni est généralement de st. 2 1/2 par action ordinaire et de st. 5 par privilégiée. On a imaginé, dans le même but, un autre stimulant : c'est de créer un fonds avec les bonis, etc. des parts auxquels il a été renoncé avant le versement final. Dans le cas où l'employé cesse de verser avant complète libération, on ne lui rend que l'argent déjà souscrit (?) et les intérêts y afférents. Ce fonds est encore augmenté par d'autres moyens qui n'ont pas été clairement définis. A la fin de chaque période quinquennale, ce fonds est distribué au *prorata* parmi les porteurs de certificats souscrits dans les conditions de ce plan.

Quant à l'organisation des Magasins du Bon Marché, souvent donnée comme exemple de l'accession des employés d'une entreprise à la propriété de celle-ci, il y a lieu de rappeler qu'il y eut, comme on sait, au point de départ de cette organisation, de la part des fondateurs de ces magasins, un acte de large et généreuse libéralité des plus admirables, certes, mais qui fait de cet exemple un cas tout à fait exceptionnel. A la mort de M. Boucicaut, Mme Boucicaut constitua avec un certain nombre de ses principaux employés une société en commandite simple qui, tout en réservant la gérance de l'affaire à Mme Boucicaut, rendit les employés associés propriétaires de l'entreprise. Au décès de Mme Boucicaut, la commandite simple devint une commandite par actions, les actions ou coupures d'actions étant réservées entièrement aux employés de la maison.

L'attribution gratuite d'actions au personnel

C'est ainsi que, peu à peu, on a été amené à envisager *l'attribution gratuite d'actions* au personnel d'une entreprise, soit au moment de la création de celle-ci, soit ultérieurement. Ce principe de l'attribution gratuite des actions de travail a été appliqué, pour la première fois, croyons-nous, en 1908, en Angleterre, par MM. Lever, frères, fabricants de savon à Port-Sunlight, dont la maison fondée en 1886 s'était bornée, dès son origine, à pratiquer la participation aux bénéfices, mais il y a lieu de constater que si, perfectionnant le principe de la *copartnership*, MM. Lever ont fait faire un progrès à l'actionnariat ouvrier, le fonctionnement de son système à un grave défaut à nos yeux. Tous les ouvriers, en effet, ne sont pas appelés forcément et de droit à recevoir des *certificats ou titre de partnership*. L'ensemble de ces certificats, représentant au total la part du capital social réservée au personnel, est remis à des mandataires (*trustees*) qui, titulaires de la totalité de ces titres, sont chargés de les répartir à leur guise, entre les participants qui ont, au préalable, signé un engagement, qui les lie à la maison d'une façon, du reste, absolue. L'ouvrier, l'employé, le voyageur, le chef de service, le directeur peuvent bien en appeler à M. Lever, des décisions des *trustees* et M. Lever peut accorder des certificats à ceux qui n'en ont pas obtenu, comme il peut, d'ailleurs, en retirer à ceux auxquels les *trustees* en ont attribué, mais il demeure certain, que ce n'est pas un *droit absolu* pour l'ouvrier, pour l'employé d'être participant au capital.

M. Lever n'en a pas moins, sans doute, innové et, dans tous les cas, expérimenté, d'une façon méthodique et perfectionnée, le principe de la délivrance *gratuite d'actions de travail*. On a dit, que ces actions de travail sont tout simplement « en langage d'homme réaliste, des *primes à l'ancienneté*, des gratifications de fin d'année pour les ouvriers qui sont restés dans l'établissement » et, « qu'assurément, bien des entreprises ont pris de telles initiatives, fort louables, sans doute, sans avoir jamais songé à leur donner le nom pompeux d'*actionnariat ouvrier* ». Et Waxveiler, auquel j'emprunte ces critiques, d'ajouter que la maison Sunlight a voulu faire parler d'elle et de son produit! Le jugement est injuste. Il y a de singulières différences entre la prime à l'ancienneté et l action de Port-Sunlight. La prime à l'ancienneté demeure chaque année, laissée à l'appréciation du patron, tandis que les certificats de Port-Sunlight sont attribués d'après une règle, une échelle invariable et *fixée* une fois pour toutes, par un règlement. D'autre part, le participant de Port-Sunlight, s'il participe aux dividendes, participe aussi aux pertes dans une certaine mesure, ce qui n'existe pas dans le système des primes.

Ainsi donc, dans l'organisation du travail à Port-Sunlight, nous voyons apparaître, pour la première fois sans doute, *la délivrance gratuite d'actions du travail aux collaborateurs de tous ordres d'une entreprise*. Les porteurs de ces actions, réparties d'après des règles précises basées pour chacun sur le montant de son salaire et la durée de ses services dans la maison, touchent le même dividende que les actionnaires ordinaires, « après toutefois, pour ceux-ci, un intérêt de 5 0/0 très justifié par le fait qu'ils ont payé leurs titres en argent et que les ouvriers ont été rendus titulaires des leurs gratuitement (Jean Garnier) ». Enfin, la propriété de l'action n'est que *temporaire*. Si le *copartner* quitte la maison pour une raison autre que celle de maladie ou de vieillesse, il restitue son certificat qui est affecté, soit à un de ses camarades, soit à un de ses successeurs. Si le *copartner* est contraint par vieillesse ou maladie de quitter l'établissement, il lui est alors remis un *certificat de préférence* à la place de son certificat de *partnership*, certificat qui continuera à lui maintenir un droit à la répartition des dividendes, de même que lorsqu'un ouvrier vient à mourir laissant une veuve, celle-ci bénéficiera des mêmes avantages. Ainsi M. Lever a constitué pour certains de ses anciens ouvriers, la retraite et pour leurs veuves une pension (1).

Le projet de M. Justin Godart

Nous reviendrons dans un instant sur le système adopté à Port-Sunlight et dans lequel, comme

(1) Depuis sept ans, c'est-à-dire depuis l'origine du *Trust de coparticipation*, la Compagnie de Port-Sunlight a distribué, au bénéfice du personnel, en dividendes de « participation à sa prospérité », 286.310 livres sterling, soit environ 7.200.000 francs. Le nombre des salariés participants était au 8 novembre 1915, de 3.416.

nous venons de le voir, nous trouvons, pour la première fois, l'application du principe de l'attribution gratuite des *actions de travail*. Pour l'instant, nous voudrions signaler qu'en France, cette forme d'association du capital et du travail a fait l'objet sous une autre forme d'une proposition de loi. Cette proposition fut déposée le 16 août 1909 sur le bureau de la Chambre. Son auteur, M. Justin Godard, préoccupé des conflits collectifs entre patrons, ouvriers et employés, cherchait une formule pouvant « rendre ces conflits impossibles ». L'arbitrage obligatoire, l'application du contrat collectif lui apparaissaient comme des progrès, mais des progrès insuffisants. Pour lui, le mal est dans l'inégale répartition « des richesses produites », dans ce que le capital, lorsque les bénéfices sont réalisés, « garde tous les profits » et que « la solution de laquelle dépend une paix durable, c'est d'attribuer à chacun ce qui légitiment lui revient, c'est de donner au travail tout ce qui lui est dû, c'est-à-dire plus que le salaire et de le lui remettre, non point en faisant le geste magnanime du bon patron philanthrope, mais en établissant une stricte opération de comptabilité ».

Comment M. Justin Godart établit-il cette juste opération de comptabilité? Est-ce en considérant le travail comme apporteur de valeur et lui attribuant des actions spéciales? *Nullement.* Certes, cette conception, l'honorable M. Justin Godart la trouve intéressante, mais il l'écarte, toutefois, sans l'examiner, se bornant à dire que sa réalisation présenterait de « considérables difficultés pratiques ». M. Godart trouve préférable « d'imposer aux sociétés par actions, l'amortissement de leur capital et de rendre le capital initial et le travail co-propriétaires de l'actif social libéré à l'égard du premier par le remboursement des actions ». Les actions capital amorties par la constitution d'une réserve faite sur les bénéfices, chacune de ses actions primitives donne alors naissance à deux *actions de jouissance*. « L'une sera remise au porteur de l'action amortie; l'autre, dite action de jouissance du travail, sera la propriété du travail. Mais où trouver, se demande aussitôt M. Justin Godart, « le travail » pour lui remettre ses actions? A qui les attribuer? « Les ouvriers de la première heure ont disparu, ceux de l'heure présente ne seront plus ceux de demain. Comment donner à chacun ce qui peu lui revenir? En présence de l'instabilité des travailleurs, il faut créer un organisme représentant leurs intérêts collectifs et qualifié pour gérer leur portefeuille d'actions de jouissance ». Et M. Godart prévoit la création d'une Caisse nationale de crédit au travail, recevant les revenus des actions de jouissance de travail et employant ces fonds, ainsi que ceux provenant de la liquidation des sociétés à la création d'associations coopératives, de sociétés ouvrières ou encore à subventionner l'enseignement professionnel.

M. Antonelli, dans son livre sur les actions de travail, a fait de ce projet une critique très judicieuse. « Les actions de travail ne sont créés qu'au fur et à mesure de l'amortissement du capital, c'est-à-dire qu'elles n'apparaîtront que dans les entreprises qui auront réussi. Jusque là, l'ouvrier restera un simple salarié qui n'interviendra en rien dans la gestion de l'entreprise. D'autre part, le capital représenté par les actions de travail n'est pas géré par le personnel de l'usine, mais par la personne morale lointaine, qu'est la Caisse nationale de crédit au travail. » On pourrait encore faire à ce projet d'autres objections qui ont été d'ailleurs fort nettement développées dans un rapport présenté en 1910 à la Chambre de Commerce de Lyon. Pour nous, la conception de M. Godart, dans tous les cas, ne répond pas au but que nous poursuivons, car la perspective, non moins lointaine que la Caisse de crédit, de voir, au bout d'un nombre d'années plus ou moins grand, des sociétés coopératives ouvrières se constituer à l'aide des revenus d'actions de jouissance enfin créées *après le remboursement du capital*, ne saurait suffire aux travailleurs, d'autant que, comme le dit M. Godart lui-même, quand des avantages découleront de son système « les ouvriers de la première heure auront disparu ». Profiteront-ils ceux-là des fonds de la Caisse de crédit qu'ils auront longtemps alimentée, en somme, grâce à leur travail? Il est permis d'en douter. Enfin le système est obligatoire et doit s'appliquer à toutes les sociétés anonymes. Or, l'obligation est à nos yeux inadmissible. En pareille matière, le législateur doit se borner à faciliter aux initiatives privées la possibilité de créer des associations à participation ouvrière; il doit, par des avantages consentis à ces sociétés, inciter même les industriels et les commerçants à adopter cette forme d'association, mais il serait imprudent de l'imposer. Comme on l'a dit (1) : « Jusqu'ici, le contrat de travail était dans notre droit une convention tacite traitée de gré à gré, dont les conditions dépendaient de la volonté des parties contractantes, sans que la puissance publique puisse contraindre l'une ou l'autre à subir une taxation légale. Si l'on veut user de contrainte envers le capital, il faudra déterminer la mesure des concessions auxquelles on l'obligera, en raison du nouveau principe et on n'en voit pas bien la limite. » *Le principe de l'obligation doit être repoussé avec beaucoup d'énergie et cette seule raison suffirait pour écarter la conception de M. Justin Godart.*

Mais, alors même que le projet dont il s'agit ne comporterait pas *l'obligation* pour les sociétés anonymes de ne se constituer que sous la forme qu'il prévoit, nous estimerions qu'il est préférable, au lieu de concevoir un type nouveau d'association, de nous inspirer et de profiter, dans l'étude et dans l'élaboration de la meilleure forme d'association du capital et du travail, des enseignements pratiques qui se dégagent d'expériences déjà faites et faites avec succès.

Les caractères de l'action du travail

Pour ces motifs, nous pensons que les résultats obtenus en Angleterre par certaines sociétés, comme la Société de Port-Sunlight, doivent pouvoir nous guider dans la recherche de la solution du problème.

Dans l'organisation de la Société Port-Sunlight, nous avons constaté l'application de trois principes essentiels :

1° La délivrance gratuite des actions aux ouvriers;

2° L'incessibilité de ces actions;

3° Le caractère de propriété temporaire de l'action.

Ces principes sont à retenir et à examiner, car ils nous rapprochent de la formule qui nous paraît la meilleure pour constituer la participation ouvrière.

La délivrance gratuite d'actions aux ouvriers, c'est la reconnaissance que dans une entreprise le travail est un facteur de la production, aussi nécessaire que le capital, qu'il constitue comme le capital, un apport et que, comme lui, il a droit à recevoir en rémunération de cet apport un certain nombre d'actions, tout comme, du reste, nous voyons à chaque instant accorder par les statuts de sociétés industrielles à M. X... ou à M. Y... des parts de fondateurs parce qu'il apporte à la société, soit des connaissances techniques, des relations commerciales, une clientèle ou une invention.

L'incessibilité de l'action se justifie d'elle-même et si, ainsi, le titre remis à l'ouvrier cesse d'être une action au sens réel ou ordinaire du mot, cette restriction donne à l'action de travail, le caractère qu'elle doit avoir, le caractère juridique avec lequel il doit apparaître dans notre droit français. En effet, le salarié ne peut avoir que la jouissance du titre et non sa propriété absolue, si l'on ne veut qu'une partie du capital par la cession d'une partie des titres à des tiers, soit exposé à passer entre des mains étrangères à la société, et peut-être entre les mains de concurrents déterminés à faire sombrer l'entreprise.

Quant au *caractère temporaire de l'action*, il s'explique parce que l'action de travail créée à Port-Sunlight étant une action *individuelle*, il n'était pas possible de ne pas lui donner ce caractère de propriété temporaire, afin qu'il fût possible qu'à un moment quelconque de la marche de l'entreprise l'ensemble de ces actions, après le départ de certains employés et l'entrée de nouveaux, restât, dans l'affaire, la propriété des ouvriers.

Mais si nous devons retenir les deux premiers principes appliqués à Port-Sunlight, la délivrance gratuite d'actions au personnel et l'incessibilité — comme aussi l'insaisissabilité — de l'action de travail, il est apparu à la plupart de tous ceux qui ont étudié ces questions délicates et complexes et il nous apparaît qu'il y a un moyen préférable de maintenir constamment au personnel d'une entreprise, la propriété des actions travail sans que la propriété de ces actions soit temporaire. « C'est de déclarer, comme le propose M. Antonelli, à la base de la conception de l'actionnariat ouvrier, que chaque ouvrier, considéré individuellement, n'aura aucun droit sur les actions de travail et que ce sera la collectivité des ouvriers de l'usine qui en sera seule propriétaire. »

C'est, d'ailleurs, l'actionnariat collectif qui a été adopté en Angleterre, dans d'autres entreprises.

(1) Jean GRANIER : *Les Actions de travail.*

En revanche, la Société de Port-Sunlight ne donne au personnel, aux *copartners*, aucun droits d'administration sur l'entreprise. C'est là une erreur. L'ouvrier actionnaire doit avoir les mêmes droits de contrôle et de surveillance que l'actionnaire capitaliste; il doit pouvoir faire connaître son opinion à l'assemblée générale et au Conseil d'administration, si l'on veut que l'actionnariat ouvrier ait, au point de vue social et économique, les conséquences heureuses que nous voulons obtenir de lui.

Ainsi, nous voici arrivés par étapes, en suivant l'évolution de toutes les idées mises en avant depuis près de 70 ans, à la formule de l'actionnariat ouvrier qui nous semble la meilleure, la plus capable de rapprocher, de réconcilier le capital et le travail. C'est la formule de l'action collective du travail, base de la constitution de sociétés anonymes à participation ouvrière, forme nouvelle de société que, précisément, la proposition de loi dont l'examen nous a été confié a pour but de prévoir dans nos lois.

L'Action-Travail, propriété individuelle ou propriété collective?

Ici, nous sommes obligé d'ouvrir une première parenthèse. Nous nous excusons d'être aussi long, mais il nous paraît impossible, dans une question aussi importante, nous pourrions dire aussi grave, de ne pas placer sous les yeux du Sénat, tous les aspects du problème que la proposition de loi de M. Henry Chéron pose devant lui. A quoi aboutit cette proposition? A ajouter à la loi de 1867 des articles définissant un type nouveau de société, la société anonyme à participation ouvrière, à en déterminer les caractères. Or, si nous venons d'indiquer les principes essentiels de ce type nouveau de société, si nous avons, *par exemple*, indiqué qu'il réalise la participation ouvrière par l'actionnariat *collectif*, il n'en est pas moins évident que, pour certains, pour toute une école, l'actionnariat individuel avec propriété temporaire de l'action ouvrière serait à préférer à l'actionnariat collectif. N'est-il donc pas indispensable que nous indiquions ici, pourquoi nous préférons l'actionnariat collectif à l'actionnariat individuel?

Nous préférons l'*action collective* à l'*action individuelle*, parce que nous pensons que cette dernière serait certainement une cause de difficultés entre les ouvriers eux-mêmes. En effet, tous les ouvriers, tous les employés d'une entreprise ne pourront recevoir de parts égales, des titres ou coupures de titres ayant une valeur identique, puisque chacun d'eux, de par ses fonctions, son métier, ses aptitudes et ses qualités professionnelles, représente une *valeur travail* différente. Or, qui ferait la répartition de ces actions individuelles? Le conseil d'administration de la société anonyme, dans lequel dominera l'élément capitaliste. Qui ne voit que cette répartition provoquera souvent dans le personnel des jalousies, des suspicions, des conflits? Les ouvriers et employés trouvent que la répartition n'a pas été équitablement faite. Le but poursuivi pourra alors ne pas être atteint.

Au lieu d'assister à un effort de tous pour l'accroissement du rendement de l'ensemble des rouages de l'entreprise, pour l'accroissement de la prospérité de la maison, nous verrions l'effort des uns contrarié par la mollesse, par l'indifférence des autres. Que serait-ce si, comme cela se produirait si le conseil d'administration n'accordait pas à tous des actions de travail, certains ouvriers étaient intéressés et d'autres ne l'étaient point? « Dans une usine, écrit M. Boissard, professeur à la Faculté libre de droit, où il y aura des ouvriers ayant déjà quelques actions et des ouvriers n'en ayant pas, les ouvriers actionnaires vont être hostiles à toutes les revendications ouvrières. Ils sauront bientôt compter qu'ils n'ont pas intérêt à une augmentation de salaires, parce que l'augmentation de salaire se traduira pour chacun d'eux par une diminution des bénéfices sur les actions, plus grande que ce qu'ils gagneront et ainsi on n'aura pas fait du tout disparaître le conflit social. On aura seulement placé ailleurs, la coupure qui est entre les deux camps. La bataille, au lieu d'être entre les capitalistes de maintenant et les ouvriers, sera entre les capitalistes grossis d'un certain nombre d'ouvriers propriétaires et la masse des ouvriers non propriétaires. Et ceux-ci destinés à être toujours les plus nombreux seront exaspérés par des résistances venant de leur classe. Les syndicats rouges n'en seront que plus violents ».

Avec l'actionnariat collectif, de pareils dangers ne sont pas à redouter. Ici, c'est la collectivité des employés et des ouvriers qui reçoit la totalité des actions, qui en est propriétaire et qui fait, entre tous, la répartition annuelle en vertu de décisions prises par elle, de la totalité des dividendes de ces actions. Comme le fait ressortir M. Boissard, le problème qui se pose est, en effet, un problème social, il est même presque tout le problème social. D'une part, une collectivité de capitalistes à laquelle, d'un autre côté, une autre collectivité reproche la trop grand part de bénéfices qu'elle retire de ses entreprises, tel est bien le conflit, tel est bien le problème. Or, comme le dit M. Antonelli, le problème social n'est pas un programme individuel, mais *collectif*. Tout projet de réforme qui ne tient pas compte des grands intérêts collectifs et moraux de la classe ouvrière est nécessairement voué à l'impuissance comme l'a été la participation aux bénéfices pure et simple. Et il cite à l'appui de sa thèse, le cas de ces ouvriers de la « South Metropolitan Gas Company » de Londres qui, élevés à l'*actionnariat individuel* que l'on a encore appelé l'*actionnariat capitaliste*, ne voulurent pas sacrifier le droit de grève, droit collectif, aux avantages de leur propriété individuelle et se mirent en grève. L'actionnariat capitaliste ne nous semble donc pas devoir supprimer les grèves, précisément, l'une des principales conséquences de la situation d'un état de choses que nous voulons faire cesser.

Ce sont ces considérations qui faisaient dire à M. Viviani au Congrès des mineurs, en 1909, alors que se posait la question de la participation aux bénéfices dans les mines : « A tout considérer, je reconnais que la participation ouvrière aux bénéfices est bien supérieure sous la forme collective et répond davantage au but que nous poursuivons. Peut-être la participation individuelle ne laisserait-elle aux ouvriers que des bénéfices illusoires; bien plus grand, à mon avis, est l'avantage qui résulte d'une participation collective. Celle-ci ne peut consister que dans l'attribution d'actions à des collectivités ouvrières employés dans les mines, lesquelles actions donneront à la collectivité le droit de participer à la gestion, en envoyant des représentants aux assemblées générales et dans les Conseils d'administration. »

C'est donc sur le principe de l'actionnariat collectif que repose l'organisation des sociétés par actions à participation ouvrière prévue dans le projet de proposition de M. Henry Chéron. Et, c'est pour cela que nous nous sommes attaché à amender le texte de cette proposition de façon que ce principe ne fût perdu de vue dans aucun de ses articles. Au surplus, l'un des plus importants arguments invoqués contre l'actionnariat collectif réside dans « la difficulté qu'il y aurait à investir certains groupements d'ouvriers de la personnalité civile, avec capacité de posséder ». Or, cette difficulté, nous croyons l'avoir résolue, comme on pourra s'en rendre compte par l'examen des considérations qui vont suivre et des articles de la proposition que nous soumettons à votre approbation.

La Société à participation ouvrière

Cette forme nouvelle de société a été pour la première fois définie, il y a quelques années, par un comité, le *Comité de la démocratie sociale*, dans les termes que voici :

« C'est en la forme une *société anonyme* à laquelle s'appliquent toutes les règles des sociétés de ce genre sous les réserves suivantes :

« 1° L'apport capital et l'apport travail, agents de toute production économique, y donnent naissance à deux sortes d'actions, actions de capital et actions de travail, créant à leurs possesseurs des droits identiques pendant toute la durée de la société. Toutefois, lors de la dissolution, l'actif social n'est réparti entre tous les actionnaires qu'après l'amortissement intégral des actions de capital;

« 2° Le nombre des actions de travail est déterminé par les statuts. Les actions sont la *propriété collective* de tous les salariés actifs de la société, y travaillant depuis un certain temps et d'une façon permanente. Tant que la société existe, chaque travailleur considéré isolément n'a aucun droit à la propriété des actions de travail. La part des bénéfices annuels ou de l'actif social, en cas de dissolution, revenant aux actions de travail est répartie entre tous les salariés proportionnellement à leur salaire annuel;

« 3° Les représentants de la collectivité ouvrière à l'assemblée générale des actionnaires, dans la proportion statutaire, d'après le nombre des actions sont lus chaque année par les salariés, chacun d'eux disposant d'un nombre de voix proportionnel à son salaire, le salaire le plus bas servant d'unité;

« 4° Le conseil d'administration comprend nécessairement, pour un quart au moins, des représentants de la collectivité ouvrière propriétaire des actions de travail. Ces représentants peuvent être choisis en dehors du personnel de l'entreprise parmi les membres des syndicats ouvriers représentés dans ce personnel;

« 5° Toute société en formation et qui désirera prendre la qualité de société à participation ouvrière, avec les avantages légaux et fiscaux y attachés, ne pourra émettre aucune espèce de titre avant l'approbation de ses statuts donnée par le président du tribunal civil du lieu où sera établi le siège social, après avis des syndicats ouvriers intéressés dans les entreprises similaires. »

Telle fut la première définition précise de la société à participation ouvrière basée sur l'actionnariat collectif. Nous reviendrons dans un instant sur certains des points visés dans le projet ci-dessus, comme celui du rôle des représentants des syndicats ouvriers dans le fonctionnement des sociétés dont il s'agit. Pour le moment, réglons de suite le problème juridique que soulève la constitution de sociétés à participation ouvrière telles qu'elles viennent d'être définies.

Le Problème juridique

La question qui se pose tout d'abord est celle-ci : de telles sociétés dans le cadre de notre droit actuel sont-elles légales? En d'autres termes, peut-on les rattacher à l'un des cinq types prévus par notre Code de commerce : société en nom collectif, société en commandite, société anonyme, société à capital variable, association en participation?

M. Antonelli, aux remarquables études duquel nous nous sommes référé à plusieurs reprises au cours de ce rapport, se l'est demandé (1) et son étude sur ce point arrive à cette conclusion que la société à participation ouvrière, telle que nous la concevons, rentre bien dans le cadre des sociétés anonymes, et dans ce cadre on peut donner à l'action travail un statut juridique défini.

Nous le reconnaissons, il y a là un problème des plus délicats et dont l'examen a donné lieu aux avis les plus opposés. Cependant, si on peut avec de sérieux arguments démontrer que le titre remis à l'ouvrier à la constitution de la société à participation ouvrière est bien une *action* et en a tous les caractères et que l'ouvrier est bien ainsi un *associé*, certains s'appuyant sur l'opinion de jurisconsultes des plus distingués, estiment que ce titre est une simple part bénéficiaire dont le porteur n'a pas le droit d'associé, ni même un droit d'actionnaire désigné sous un faux nom. Pour ces derniers, cette part bénéficiaire ne peut pas être utilisée dans la pratique pour unir les travailleurs aux capitalistes par des droits d'associés. L'action de travail représentative de l'*apport travail* ne ferait qu'établir une créance contre la société au profit des ouvriers dans les cadres actuels de la société anonyme. On ne pourrait donc pas justifier des droits d'actionnaires véritables au porteur de ces parts bénéficiaires qui constituent les actions de travail.

Pour ces motifs, nous ne voulons pas voir dans le titre prévu par la société à participation ouvrière en faveur du personnel une simple créance. Ce personnel a, avec lui un apport, l'apport travail; cet apport établit l'*animus societatis* qui fera de lui *un associé* de l'entreprise et de son titre *une action*. Au surplus, ce participant collectif doit, dans nos vues, s'immiscer à la gestion, prendre part à l'actif social; sa part sociale ne peut pas être une simple créance; elle ne peut être dans une société anonyme, aux termes de l'article 34 du Code de commerce, qu'une action. D'autre part, si le Code de commerce dit formellement que le capital d'une société anonyme se divise en actions et si les articles 1 et 3 de la loi du 24 juillet 1867 ne prévoient que des actions de numéraire et des actions d'apport en nature, depuis plus de trente ans « la formation et le développement des sociétés anonymes ont revêtu des caractères tels que l'on a été amené à concevoir qu'il pût être fait dans la société anonyme, un apport de services, ce qui avait paru impossible, en fait, aux législateurs de 1867 et de 1893 » et que rien n'empêchait d'admettre « que, par une nouvelle évolution, par suite de conditions économiques nouvelles, on sera conduit à admettre la possibilité d'un apport de services futurs dans certaines conditions à déterminer ». Et avec M. Antonelli, nous conclurons qu'en agissant ainsi, on ne fait que donner à la loi, toute la portée dont elle

(1) *Les actions de travail dans les Sociétés anonymes à participation ouvrière*, p. 126 et suivantes.

est susceptible, sans être en contradiction avec les principes qui actuellement régissent les sociétés anonymes.

Nous estimons que cette thèse que l'on pourrait, du reste, renforcer à l'aide d'autres arguments est des plus justes. Mais, dira-t-on : soit, nous reconnaissons que la société anonyme à participation ouvrière, telle que vous la concevez, ne heurte aucun principe de notre droit et que la collectivité des employés et ouvriers, représentée par des mandataires au sein du conseil d'administration, soit une personne morale pouvant détenir un certain nombre d'actions. Comment, cependant, admettre que ces actions seront inaliénables, incessibles, puisque la cessibilité est un des caractères essentiels de l'action? A cela nous pourrions répondre, en nous appuyant sur les arguments qu'ont fait valoir des juristes pour réfuter cette objection. Mais nous nous bornerons à dire : l'article 26 de la loi du 27 juillet 1867 n'a-t-il pas stipulé que les administrateurs des sociétés anonymes doivent être propriétaires d'un nombre d'actions déterminé par les statuts et que ces actions, affectées à la garantie des actes de la gestion, soit inaliénables? Pourquoi n'admettrait-on pas, dans un but de garantie facile à comprendre, que les actions remises à la collectivité ouvrière le fussent également.

En résumé, il ne peut y avoir de doute : la société à participation ouvrière, sur les bases que nous venons d'indiquer, rentre bien dans le cadre des sociétés anonymes prévues par le Code de commerce. Par contre, comme nous le démontrerons au cours de l'examen des articles de la proposition de loi qui nous occupe, il n'est pas possible d'adapter la participation ouvrière telle que nous la concevons aux sociétés en commandite par actions, ainsi que M. Henry Chéron et ses collègues l'avaient pensé.

La participation aux pertes

Mais, dira-t-on encore, est-il admissible que l'on puisse avoir droit à une part de bénéfices dans une affaire si on ne supporte pas une part — la même part — dans les pertes? L'objection a été faite; elle ne nous paraît pas décisive. Si on la reconnaissait fondée, au surplus, il faudrait la retourner contre la simple participation aux bénéfices, telle qu'elle fonctionne depuis tant d'années dans un certain nombre de maisons, et elle n'a jamais été l'objet de cette observation. Si la société en participation donne des bénéfices, les salariés en touchent une portion; si l'entreprise, en fin d'un exercice, se solde non seulement sans bénéfices, mais encore avec des pertes, il ne viendra jamais à l'idée personne — il n'est jamais venu à l'idée de personne — de demander aux salariés de combler le déficit. Les participants aux bénéfices auront touché intégralement leurs salaires, les actionnaires n'auront touché aucun intérêt sur leurs titres. Voilà comment les choses peuvent se passer — et se passent parfois — dans la participation aux bénéfices et, nous le répétons, personne n'a critiqué cette conséquence du système. Or, le principe sera le même dans l'*actionnariat ouvrier*, et si l'on veut bien décider qu'avant d'établir le dividende à répartir aux actions de capital et de travail, les premières recevront un intérêt normal fixé par les statuts, nous ne voyons pas ce qui reste de l'objection. Ce correctif, prévu dans la plupart des sociétés à participation aux bénéfices est, du reste, logique puisque de ces deux catégories d'actions, les actions de capital et les actions de travail, les premières ont été achetées, payées, alors que les secondes auront été remises gratuitement. Ainsi avec l'actionnariat ouvrier, dans le cas où la société n'aurait pas fait de bénéfices suffisants pour que ces bénéfices ne soient pas absorbés entièrement par l'intérêt statutaire à payer aux actions de capital, les actions de travail ne recevraient aucun dividende. S'il y a donc privation de revenu pour l'action-capital, il y a privation de revenu, à plus forte raison, pour l'action travail.

Cependant, ajoutera-t-on, l'affaire, chaque année, devient moins bonne; les bénéfices, de *nuls* se transforment un jour en pertes qui s'accentuent davantage encore; les actions baissent de plus en plus; la liquidation s'impose ponr éviter la faillite ou la ruine. Est-il admissible qu'à cette liquidation les actions-travail ne supportent rien des pertes? A cela, il suffira de répliquer que le poids des pertes pèsera sur elles, puisqu'elles n'auront rien d'un capital social fortement ébréché, tandis que, aux termes des statuts de la société, les actions argent prélèveront de ce capital social ce qui peut en demeurer. C'est ce que prévoit notre poposition de loi en stipulant qu'en cas de dissolution l'actif social n'est réparti entre les actionnaires qu'après l'amortissement intégral des actions de capital. Si bien, que s'il y a un capital particulièrement atteint, ce sera le capital travail, capital d'énergie, de forces musculaires ou intellectuelles qui, pendant des années, se sera entièrement donné à la marche de l'affaire. De plus, si l'affaire n'a pas donné les résultats attendus, doit-on en rejeter la responsabilité sur le personnel? Qui a fondé l'affaire? Ce sont les capitalistes, les inventeurs, les ingénieurs qui en ont eu l'idée, qui ont jeté les bases, qui se sont attaché ce personnel. Qui a eu la majorité dans le conseil d'administration? Non pas le personnel mais les actionnaires de capital ou leurs représentants au conseil d'administration. Rien ne les a empêchés, si l'affaire a eu des exercices avantageux, de constituer des réserves, de procéder aux amortissements. Il suffit que les statuts de la société anonyme aient pris, à cet égard, toutes les précautions nécessaires. Ils le peuvent actuellement. Ils le pourront, de même, quand la société sera à participation ouvrière. Et n'est-il pas évident que la constitution de ses réserves se fera à l'aide de prélèvements sur les bénéfices, diminuant aussi bien la part de dividendes revenant aux actions de travail qu'aux actions de capital ?

Nous ne voyons donc pas la nécessité de prélever par surcroît sur les bénéfices revenant aux travailleurs, une part plus ou moins importante à titre de garantie contre les pertes, ainsi que le proposait M. Périssé, ingénieur des Arts et Manufactures, dans le projet de participation au capital et aux bénéfices — projet d'ailleurs fort intéressants — qu'il a exposé jadis dans le journal *Le Temps*.

Réponse aux objections

L'actionnariat collectif ouvrier ne rencontre pas cependant — il s'en faut — dans tous les milieux la même faveur. Certains de ceux qui passent pour les dirigeants de la classe ouvrière ne voient pour celle-ci, en matière de rémunération du travail qu'une formule : *l'augmentation directe des salaires.* Peu importe que l'augmentation continue des salaires puisse amener à un moment une crise industrielle commerciale, aux conséquences aussi dures pour le patron que pour l'ouvrier, plus dure même pour ce dernier! Prix de revient, prix de vente, concurrence étrangère, ce sont là des facteurs du problème de la production et des rapports entre le capital et le travail, qui ne les intéressent pas. Pour eux, si on promet des dividendes aux travailleurs, aux ouvriers, aux employés — que ce soit d'ailleurs sous la forme de l'actionnariat individuel, de l'actionnariat collectif, ou de tout autre — il sera toujours aisé, par des moyens détournés, par une façon spéciale de présenter les comptes, d'établir les bénéfices nets, de rendre nuls, ou presque, ces dividendes, ou bien alors, s'ils représentent vraiment des sommes appréciables, de donner à ces ouvriers des salaires inferieurs et de reprendre ainsi d'une main ce que l'on a donné de l'autre.

Cette crainte d'un abaissement du taux des salaires sous l'influence d'une application généralisée de l'actionnariat ouvrier n'a pas été exprimée uniquement par ceux qui ne voient dans les rapports du capital et du travail que la cause d'un conflit éternel, de luttes, alors que nous cherchons à le tranformer en un terrain d'apaisement, de rapprochement et d'union. M. Ch. Gide n'a-t-il pas écrit, en effet, que l'actionnariat ouvrier « semble devoir conduire logiquement à une tarification obligatoire du salaire, c'est-à-dire à un minimum de salaire fixé par la loi.

« En effet, dit cet éminent sociologue, si le salaire reste livré à la loi de l'offre et de la demande, il va nécessairement varier en sens inverse de la quotité allouée à l'ouvrier sous forme de participation. Dans les usines prospères, le salaire tombera à zéro ou même deviendra négatif. c'est-à-dire se transformera en versements à faire par l'ouvrier comme pour les garçons de restaurant dans les grande villes de France ».

Si les prédictions de M. Ch. Gide étaient fondées — remarquons en passant qu'elles visent toutes les formes d'actionnariat et bien plus les formes à participations individuelle et davantage encore la simple participation — il n'y aurait plus qu'à se détourner de tous les systèmes d'actionnariat. Mais, pour nous, les dangers redoutés par M. Gide sont sinon illusoires, du moins exagérés. Au surplus, le pessimiste dont est empreinte la citation de M. Gide ne s'accorde guère avec l'optimisme qu'il a mis en d'autres pages sur la même matière. Cet esprit si éclairé n'a-t-il pas écrit ailleurs que l'actionnariat ouvrier reprend « la vieille tradition socialiste française » en cherchant à nouer entre le capital et le travail une véritable association, de telle sorte que le travailleur possède sa part de capital et de direction dans toute entreprise? N'a-t-il pas écrit que, tandis que le contrat collectif, prôné par certains réformistes pour rétablir l'accord entre les deux facteurs de la production, n'est « qu'un mariage sous le régime de la séparation de biens », avec toutes ses conséquences, « l'actionnariat ouvrier est un mariage sous le régime de la communauté d'acquets »?

Pour que l'on puisse, au demeurant, envisager la nécessité d'en arriver, avec l'actionnariat ouvrier, à *la tarification obligatoire du salaire*, il faudrait que l'actionnariat ouvrier fût lui-même *obligatoire* — c'est d'ailleurs en faisant cette supposition que M. Gide, l'éminent professeur à la Faculté de droit, dont on connaît les remarquables études sociales, a entrevu la nécessité d'une tarification — ou bien il faudrait que, sous le régime de la liberté la plus entière laissée au patronat d'y recourir ou de n'y pas recourir, le système se généralisât au point d'être adopté par tout ou presque partout. Or, il n'a jamais été question dans notre esprit de rendre l'actionnariat ouvrier obligatoire; nous repoussons l'obligation, et la proposition de M. Henry Chéron l'écarte également. Quant à supposer dès lors que l'actionnariat ouvrier pourrait se généraliser par la seule volonté du patronat et avec le libre agrément des ouvriers et employés, voilà une perspective qui n'est pas pour nous déplaire. Cela prouverait que les premiers essais auraient donné des résultats si concluants, si merveilleux qu'ils auraient entraîné toutes les entreprises à suivre la même voie et que le régime serait excellent. Nous nous en réjouirons. On serait toujours à temps d'aviser si dans la suite il venait à avoir des conséquences imprévues, nous allions dire inespérées.

Mais pourquoi affirmer que, d'une façon générale, les salaires viendraient à baisser parce que, en plus du salaire, l'ouvrier toucherait une part de dividende? Celui qui voudrait être embauché dans le personnel d'une société pratiquant la participation par l'actionnariat ouvrier accepterait-il de faire partie de ce personnel pour un bénéfice incertain en fin d'année sur les revenus de l'entreprise, si on lui offrait un salaire inférieur au salaire normal de sa profession? Non point, et alors, où recruteraient leur personnel les sociétés à participation ouvrière dont nous nous proposons d'encourager la création? Et l'action syndicale n'est-elle point capable par son activité vigilante et sa puissance incontestable d'empêcher l'abaissement des salaires entrevu par M. Gide? Nous ne disons pas cependant que si une société à participation ouvrière venait à produire des bénéfices considérables dépassant toutes prévisions, à distribuer à ses ouvriers des dividendes bien supérieurs à ceux que l'on aurait envisagés à la fondation de la société, il ne pouvait pas se produire, à un moment donné, une diminution du salaire fixe journalier. Cela s'est produit en Angleterre dans une entreprise dont nous aurons l'occasion de parler plus loin, mais cette diminution ne pourra être envisagée que parce que, sous forme de dividendes, le personnel sera arrivé à toucher des sommes très élevées et elle sera amenée tout naturellement par la force des choses et avec le consentement, avec l'approbation du personnel, comme cela s'est produit dans le cas auquel nous faisons ici allusion. En quoi l'actionnariat ouvrier, même avec une diminution du taux du salaire de l'ouvrier, cesserait-il d'être recommandable du moment que l'ouvrier toucherait avec le salaire augmenté de la participation aux bénéfices une somme bien supérieure à celle que représentait son salaire ancien?

Il est vrai que quelques écrivains socialistes redoutent que l'actionnariat ouvrier ait pour conséquence de diminuer le rôle des syndicats, d'atteindre leur cohésion, de diminuer leur force. Nous le disons en toute sincérité, si nous souhaitons ardemment que les syndicats, à la faveur d'une législation nouvelle ou grâce à une vision plus précise de leur mission ne tombent plus dans certaines erreurs, nous nous refuserions à recommander une réforme qui aurait pour conséquence de porter atteinte à l'idée syndicale. Sous notre régime de démocratie, d'égalité et de liberté, la classe ouvrière doit pouvoir s'unir comme la classe patronale, étudier et défendre ses intérêts comme celle-ci étudie et défend les siens, mais le fait qu'il sera participant au capital, aux bénéfices de l'usine où il travaille, détournera-t-il un ouvrier du syndicat dont il fait partie? On a cité une compagnie anglaise, la Compagnie du Gaz du Sud de Londres, où, au début, la compagnie avait exigé des ouvriers actionnaires l'engagement écrit de ne pas faire partie du syndicat de la corporation. Voilà une clause, soit dit en passant, en admettant qu'elle soit licite, qui n'aurait pas besoin pour pouvoir être introduite dans un contrat du travail que l'ouvrier fût actionnaire. Mais cette clause a rapidement disparu des conditions d'admission et, fait démonstratif et suggestif, ce fut de plein gré que la Compagnie dont il s'agit la supprima, se rendant compte de son efficacité, et sans que le syndicat eût à intervenir. Non, l'actionnariat ouvrier ne saurait avoir pour résultat de détourner le salarié de l'idée corporative et syndicaliste. Au contraire, le salarié sentira peut-être plus encore l'utilité du syndicat, de ses conseils et de son appui, lorsqu'il n'aura plus comme unique sujet de préoccupations la défense de son salaire ou la journée de travail, mais que, pour la prospérité de l'affaire à laquelle il sera associé, tant de problèmes jusqu'alors ignorés de lui réclameront son attention et développeront son initiative. Quelle école pour l'ouvrier que cette part de direction et de responsabilité, et quelles écoles excellentes, par conséquent, pour les syndicats eux-mêmes, qui, par contre-coup, par la présence de ces syndiqués devenus autre chose que des salariés, mesureront davantage que les questions sociales sont liées aux questions économiques !

Qui pourrait, au surplus, dans les partis les plus avancés, prétendre que les groupements de travailleurs, dont l'actionnariat ouvrier amènera la création dans chaque entreprise constituée en participation ouvrière, pourrait nuire à l'action syndicaliste, alors que l'un des socialistes jouissant dans son parti d'une haute autorité, M. Jules Guesde, a déposé en 1894 une proposition de loi commençant ainsi :

Article premier. — *Les travailleurs des deux sexes sont considérés comme constituant du fait de leur seul emploi des sociétés ouvrières par atelier, usine ou concession minière.*

Art. 2. — *Ces sociétés ouvrières sont assimilées pour la gestion des intérêts de leurs membres aux sociétés capitalistes par actions.*

Jules Guesde a donc prévu, il y a plus de vingt ans, l'utilité sociale qu'il y aurait à grouper en sociétés les ouvriers de chaque entreprise et devancé ainsi les vues que réalise le projet que nous avons à vous soumettre. Qui donc, dès lors, pourrait soutenir, dans les partis les plus avancés, alors même que les fins poursuivies par M. Jules Guesde ne seraient pas les nôtres, que la formation en société du personnel de chaque usine, atelier ou concession minière va atteindre l'action et la puissance des syndicats? Ceux-ci, au contraire, pourront trouver dans ces groupements un appui financier, rien ne pouvant empêcher les sociétés auxquelles nous faisons allusion de verser aux syndicats une partie de leurs bénéfices annuels. En revanche, nous sommes formellement opposés à toute intrusion dans le fonctionnement des sociétés ouvrières, constituées entre les salariés des sociétés pratiquant l'actionnariat ouvrier, de personnes, syndiquées ou non, ne faisant pas partie de ce personnel et nous nous refusons à admettre que d'autres que ces salariés puissent avoir des droits quelconques sur la propriété des actions qui leur sont remises et sur l'usage des intérêts provenant de ce capital.

Enfin, comment les travailleurs pourraient-ils ne pas accepter notre conception de la société à participation ouvrière alors qu'ils sont partisans des sociétés coopératives ouvrières et qu'ils ont accueilli favorablement la loi du 18 décembre 1915 qui a défini dans quelles conditions ces sociétés pouvaient avoir des actionnaires nos travailleurs? Lorsque la coopération ouvrière — et nous en citons plus loin un exemple — comprend un certain nombre de sociétaires n'étant ni ouvriers, ni employés dans l'entreprise, ne trouvons-nous pas, tout au moins jusqu'au jour où ces actionnaires capitalistes auront été remboursés, un type d'association réalisant de façon analogue l'union du capital et du travail? Et que voyons-nous si nous comparons la situation du capitaliste qui apporte son argent dans une coopérative ouvrière à celle qui est faite à l'ouvrier apportant son travail à une société à participation ouvrière telle que notre notre projet la prévoit? Les avantages faits par notre loi à l'ouvrier associé dans la société à participation ouvrière sont bien plus grands que ceux accordés par la loi du 18 décembre 1915 au capitaliste associé dans une coopérative (1).

* * *

L'actionnariat ouvrier comportant la concession

(1) Aux termes de l'article 4 de la loi du 18 décembre 1915 les sociétaires non ouvriers ou employés ne

gratuite d'actions aux salariés a soulevé également des critiques non moins sévères dans les milieux industriels et parmi les capitalistes. C'est ainsi que le projet de notre collègue M. Henry Chéron, dès qu'il a été connu, a été aussitôt examiné par la Chambre de commerce de Paris et que celle-ci s'est prononcée contre son adoption sur le rapport de M. Pascalis, président de la commission de législation commerciale et industrielle de cette importante institution. Tout ce qui émane de la Chambre de commerce de Paris doit évidemment retenir notre attention. Aussi est-il naturel que nous nous arrêtions aux arguments invoqués contre le projet qui nous occupe par cette importante compagnie et par son honorable rapporteur M. Pascalis. A dire vrai, nous avons déjà répondu à un certain nombre des objections par lesquelles la Chambre de commerce de Paris a justifié sa délibération. Il nous reste toutefois à nous expliquer sur certains des griefs qu'elle a formulés.

« La première impression que laisse la lecture du projet de loi de M. Henry Chéron, dit M. Pascalis, est que les sociétés en formation se montreront médiocrement disposées à alourdir leur fonds social, d'un quart au moins, au bénéfice d'un personnel qui n'existe pas encore et dont les fondateurs et directeurs de l'affaire ne peuvent, par conséquent, apprécier en aucune mesure la valeur productive, le rendement éventuel. C'est une sorte de gratification, un témoignage de satisfaction en plus du salaire normal, accordé à l'avance a inconnu pour services à venir. Les avantages offerts par la loi aux sociétés qui se décideraient pour cette forme nouvelle ne paraissent pas pouvoir être mis en balance avec la charge qu'elles assumeraient d'autant plus qu'il est à redouter d'autre part qu'une pareille décision rende bien difficile la constitution du capital en actions ordinaires destiné à fournir à l'entreprise l'argent dont elle aura besoin ».

Nous pensons qu'après avoir pris connaissance du présent rapport, la Chambre de commerce de Paris verra dans l'actionnariat ouvrier, dans la participation de l'ouvrier au capital et à la gestion dans les entreprises autre chose que la délivrance de témoignages de satisfaction ou de gratifications à accorder aux bons ouvriers, mais bien un régime nouveau ayant pour but d'associer le travail et le capital d'une façon aussi intime que possible dans l'intérêt du second autant que du premier.

M. Pascalis affirme que l'on ne pourra apprécier *à l'avance* » en aucune mesure » la valeur productive des ouvriers attachés à l'entreprise. Il nous semble cependant impossible que des capitalistes puissent constituer une société, et évaluer le capital nécessaire et le rendement de l'entreprise sans avoir évalué le rendement du travail, élément essentiel de cette entreprise, ou alors il faudrait supposer que l'on engageât les actionnaires bien à la légère. Mais admettons l'objection, il n'en demeure pas moins certain, comme on l'a dit, que même si la valeur apportée par l'élément ouvrier était assez inappréciable exactement à l'avance on ne peut contester qu'elle a une valeur, qu'elle est un facteur indispensable de la production, sans laquelle le capital demeurerait impuissant, improductif et qu'il mérite conséquemment d'avoir sa part dans les bénéfices. Or rien n'empêche les fondateurs de l'entreprise de se montrer réservés et prudents au moment des débuts de la société, de ne créer qu'un nombre relativement faible d'actions-travail (1) et d'en augmenter le nombre s'ils le jugent à propos au moment de la constitution de la société ouvrière appelée à recevoir les actions travail. C'est du reste en partie pour répondre à l'objection de la Chambre de commerce de Paris que nous avons apporté des modifications au texte de la proposition de loi de M. H. Henry Chéron : ce n'est, en effet, d'après notre texte, qu'au bout d'un an que se formera lé société ouvrière et que celle-ci recevra les actions de travail.

M. Pascalis pense que les avantages offerts par la proposition de loi ne seraient pas suffisants pour décider les sociétés à choisir cette forme nouvelle

« pourront toucher qu'un intérêt dont le maximum sera fixé par les statuts sans autre participation dans les bénéfices »; d'autre part, aux termes de ce même article les sociétés coopératives de production « *devront* se réserver la faculté de rembourser au fur et à mesure de leurs resources, les parts appartenant à ces sociétaires non ouvriers ».

(1) Rien ne s'oppose même à ce que les fondateurs d'une société anonyme par actions transforment la société en société à participation ouvrière plusieurs années après sa fondation ; ils auront ainsi tout le temps pour apprécier, avec une mesure certaine, le rendement du capital travail et augmenter, de façon légitime sa part dans le capital social.

d'association, car ils ne paraissent pas pouvoir être mis en balance avec les charges qu'elles assumeraient en accordant un quart au moins des bénéfices. C'est là un argument que nous avons trouvé sous la plume de M. Ch. Gide. Nous nous bornerons de faire remarquer à M. Pascalis que, cependant, il se déclare partisan de la participation aux bénéfices qu'il considère comme « désirable tant au point de vue de la paix sociale que dans l'intérêt de la production nationale ». Or, M. Pascalis ne peut ignorer qu'appliquant la participation aux bénéfices, un grand nombre de maisons que nous pourrions citer donnent ou ont distribué de 15 à 50 et même 70 0/0 de leurs bénéfices à leur personnel. La charge annuelle n'était-elle pas, n'est-elle pas aussi lourde pour ces maisons qu'elle eût été ou qu'elle le serait avec l'actionnariat collectif? Au surplus, si l'attribution du quart des bénéfices au personnel est une charge trop lourde, les sociétés, après les modifications apportées par nous à la proposition de M. Henry Chéron, n'auront qu'à renoncer aux avantages visés par la loi et à ne fixer la part des ouvriers qu'au cinquième, au dixième ou au vingtième des bénéfices : elles ne seront pas, il est vrai plus avantagées que les sociétés pratiquant la participation aux bénéfices simple, mais elles ne le seront pas moins. En outre, grâce à la proposition de loi si elle est votée, elles auront — ce qui à nos yeux est d'une importance capitale — un statut juridique, une forme légale indiscutable. Et dans la suite, si elles ont réussi, elles verront s'il y a lieu pour elles d'aller jusqu'à l'attribution sous forme d'actions-travail du cinquième de la totalité du capital social au personnel, ce qui leur conférera tous les avantages de la loi.

Le rapporteur de la Chambre de commerce de Paris ajoute que les actions n'appartenant pas aux ouvriers — à chacun des ouvriers ou employés composant le personnel, a-t-il entendu dire — et étant inaliénables, « les ouvriers n'auront pas d'intérêt à la prospérité de l'entreprise, mais uniquement à la distribution immédiate de sommes aussi élevées que possible sans amortissement ni réserves ce qui est le contraire d'une bonne administration ». Nous sommes persuadés que si les actions étaient *aliénables*, M. Pascalis aurait formulé à juste titre une protestation encore plus sévère et à laquelle nous nous serions associés, d'ailleurs, avec empressement. Les actions, nous l'avons dit et cela n'est pas discutable, doivent être inaliénables. Mais le fait qu'elles sont inaliénables ne saurait avoir pour conséquence forcée que le personnel n'aura pas d'intérêt « à la prospérité de l'entreprise », car si celle-ci périclite, non seulement le dividende annuel diminuera, mais encore à la liquidation le personnel n'aura rien sur l'actif social. Est-ce donc alors parce que l'action est collective, au lieu d'être individuelle, que M. Pascalis affirme que l'ouvrier n'aura aucun intérêt à la prospérité de l'entreprise? Nous avouons ne pas comprendre en quoi l'action individuelle l'amènerait à être plus intéressé à la prospérité de l'entreprise, à ne plus songer qu'à « la distribution immédiate de sommes aussi élevées que possible sans amortissements ni réserves ».

Peut-être, il est vrai, l'honorable rapporteur de la Chambre de commerce de Paris veut-il d'un système d'actionnariat individuel ne permettant pas une représentation quelconque du personnel au sein du conseil d'administration, mais c'est là une conception qui, pour les motifs que nous avons exposés, ne peut donner les résultats que nous attendons de l'actionnariat ouvrier.

Au surplus, les possesseurs des actions de capital ayant la majorité au sein du conseil d'administration comme aux assemblées générales, le conseil d'administration, pourra toujours faire « de la bonne administration », en admettant que les représentants de la collectivité ouvrière soient incités, on ne sait pourquoi, à en faire de la mauvaise. Rien ne s'oppose donc à ce que le conseil d'administration procède aux amortissements et prévoie les réserves qu'il jugera nécessaires. Rien ne s'oppose, en un mot, à ce que toutes précautions soient prises à cet égard dans les statuts de la société anonyme par actions. Nous ne voyons donc pas la portée de l'objection. Mais la vérité est que M. Pascalis n'admet la participation du personnel au capital que lorsque ce personnel achète les actions, et il est certain que cette conception trop simple n'est pas la nôtre; nous avons dit pourquoi.

M. Pascalis se demande aussi comment on fera la représentation des ouvriers au sein du conseil d'administration, tout administrateur devant être possesseur d'un certain nombre d'actions d'après la loi de 1867.

Nous pensons que nous avons suffisamment traité cette question : nous n'y reviendrons que pour ajouter que les statuts des sociétés anonymes constituées en vertu de la loi que nous soumettons à l'examen et à l'approbation du Sénat, pourront adapter leurs statuts à la fois aux principes généraux du Code de commerce et à ceux de la loi nouvelle pour éviter toutes les difficultés. Pour la difficulté à laquelle M. Pascalis a songé, il suffirait d'introduire dans les statuts de la société anonyme une clause autorisant les administrateurs à se substituer des mandataires (art. 22 de la loi de 1867). « La société ouvrière désignée comme administrateur par l'assemblée générale des actionnaires de la société anonyme se ferait alors représenter par un ou plusieurs ouvriers (ou employés) au conseil d'administration. »

Quelle est la conclusion de la Chambre de commerce de Paris? C'est que « la participation des salariés aux bénéfices, si désirable à tous les points de vue, soit réalisée *peu à peu* par les efforts individuels des intéressés et sans intervention législative ». On peut dire que le vœu de la Chambre de commerce de Paris a été par avance comblé. Il y a 70 ans que l'idée de la participation aux bénéfices a été émise, qu'elle n'a cessé d'être vantée et propagée depuis, et c'est bien *peu à peu* qu'elle s'est réalisée, *si lentement* et *si peu* qu'il ne faudrait guère qu'un feuillet de ce rapport pour contenir l'énumération de toutes les maisons françaises qui l'ont appliquée et l'appliquent encore!

Mais ce n'est pas la participation aux bénéfices que vise la proposition de loi de M. Henry Chéron : c'est la participation au capital et à la gestion des entreprises. Oh! nous comprendrions qu'on repoussât le projet en question s'il comportait l'obligation, et nous aurions été les premiers à ne pas nous y associer. Mais les auteurs de la proposition savent comme nous-même qu'en pareille matière la liberté est nécessaire. N'avons nous pas démontré, d'ailleurs, que depuis le système des *primes* aux meilleurs ouvriers, au rendement du travail, jusqu'à la société coopérative de production dans laquelle il n'existe plus en quelque sorte ni patron ni ouvriers (1), en passant par tous les systèmes intermédiaires que nous avons indiqués, il y a des formules diverses qui, dans certains cas, peuvent être utilement substituées les unes aux autres? Pourquoi, malgré nos préférences, imposerions-nous l'une plutôt que l'autre, d'autant que l'on peut encore trouver demain des combinaisons plus heureuses pour résoudre le grave problème social que nous avons en vue? Ce serait folie. Non, l'obligation, à aucun point de vue, n'est possible. Ainsi tombe par avance tout l'intérêt de certaines oppositions. Nous voulons simplement insérer dans la loi des dispositions permettant, légalisant une forme de société. En profitera qui voudra, qui jugera utile d'y recourir. Dans ces conditions à qui cela peut-il nuire? Qui cela pourra-t-il gêner ou effrayer?

Mais, nous dit-on, « vos intentions sont louables, nous n'en disconvenons pas; toutefois, comme votre régime de participation au capital ne réussira pas s'il est facultatif, vous arriverez à le rendre obligatoire. Et là est le danger ». Ainsi nous voilà prévenus : le danger n'est pas, Messieurs, dans ce que nous vous demandons de faire, mais dans ce que nous pourrions faire plus tard. Nous ne pensons pas que cet argument vous touche. Nous ne croyons pas davantage que vous vous arrêterez au raisonnement de ceux qui disent : « Oui, il y a dans l'actionnariat ouvrier une solution possible aux conflits incessants du capital et du travail, mais nous préférerions l'actionnariat individuel à l'actionnariat collectif. Avec l'actionnariat individuel, chaque salarié deviendra capitaliste, et c'est là le but à atteindre au point de vue social ». En effet, si nous avons déjà dit pourquoi l'action collective nous paraît préférable à l'action individuelle, et si nous n'avons pas à y revenir, la loi que nous vous proposons supprimera-t-elle la pos-

(1) Presque toujours, en effet, les sociétés coopératives ouvrières de production (il en existait 490 comptant 30 000 travailleurs en juillet 1916) ne sont composées que d'actionnaires ouvriers. Cependant, suivant M. Briat, secrétaire général de la chambre consultative, parfois des philanthropes aident à leur création mais se retirent quand la société est sortie des premières difficultés « sans avoir récupéré aucun bénéfice de leur souscription ». Pourtant, dit-il, il existe une société, « Le Travail », société des ouvriers peintres de Paris, qui a deux genres d'actionnaires : des ouvriers et des capitalistes. L'actionnaire ouvrier touche 30 0/0 à titre de dividende, 30 0/0 au prorata du montant des salaires touchés pendant l'exercice, l'actionnaire capitaliste touche 30 0/0 de dividende.

sibilité de recourir à un autre système d'actionnariat, à l'actionnariat individuel, par exemple? En aucune façon. On pourra dans tous les cas toujours y arriver par l'attribution, par exemple, au personnel d'une part des bénéfices dont le montant sera employé au remboursement des actions de capital et à leur remplacement par des actions individuelles aux ouvriers et employés de la société. Un industriel bien connu, M. Ch. Mildé, a fait établir un projet de statuts d'une société anonyme à capital remboursable atteignant le même but et qui est parfaitement dans la légalité. En réalité, la plupart de ces critiques proviennent de ce que ceux qui les ont formulées préféreraient que l'ouvrier ou l'employé n'arrivent à la propriété des actions que par *l'achat sur ses économies* ou sur des retenues forcées de salaires. Il vaudrait mieux avouer alors que l'on ne reconnaît pas au travail, facteur cependant de la production au même titre que le capital, un droit à la participation au capital, qu'il lui faut acquérir ce droit par les mêmes moyens que le capitaliste, mais il faudrait tout au moins, pour être logique, démontrer en même temps que le salarié, non pas dans des cas exceptionnels, mais de façon générale, peut réaliser assez d'économies sur ses salaires pour réunir les capitaux nécessaires à l'achat d'actions et c'est là une démonstration qu'il n'est pas aisé de faire.

A ceux qui redoutent l'ingérence, même très réduite, du personnel dans la conduite des entreprises, nous répondrons que, quant à nous, nous avons une pleine confiance dans le bon sens, dans l'esprit pratique de la classe ouvrière. Ne savons-nous pas avec quel zèle, quel esprit avisé, quels soins et quelle méthode, dans les coopératives et dans les sociétés de secours mutuels par exemple, constituées entre employés, ouvriers, modestes artisans, les administrateurs de ces sociétés gèrent les intérêts qui leur sont confiés? Nous estimons donc, comme nous l'avons déjà expliqué, que lorsque nous intéresserons les employés, les ouvriers au succès d'une industrie, qu'on les fera participer effectivement à la gestion de l'entreprise et qu'ils auront un intérêt certain à l'accroissement des bénéfices, et, partant, de la prospérité de la maison, puisqu'ils toucheront en principe chaque année des sommes d'autant plus élevées que les bénéfices seront plus grands, qu'ils auront, en résumé, un intérêt économique à défendre et à servir, une nouvelle conscience naîtra en eux, effaçant de plus en plus la conscience de classe. Et nous estimons que ce ne sont pas seulement les rapports entre ouvriers et employés d'une part, et patrons de l'autre, qui y gagneront, mais certainement le développement des entreprises industrielles et commerciales. Nous pourrions citer des exemples prouvant qu'il en sera ainsi. Nous nous bornerons à signaler celle de ces entreprises qui a appliqué un système d'actionnariat collectif se rapprochant le plus du type que préconise notre proposition de loi, la maison Foster Sons et C° limited, entreprise de peinture à Padiham, en Angleterre. « Notre expérience, disaient il y a trois ans les directeurs, en fin d'exercice, a dans son ensemble été satisfaisante. Nous trouvons que les ouvriers apportent plus de soin et de diligence dans l'exécution de leur travail. Ceci s'applique non seulement au travail d'adjudication, mais au travail à la journée. Nous trouvons aussi, et c'est là un des résultats les plus satisfaisants, qu'il y a chez nos ouvriers un désir croissant d'étudier les intérêts de ceux qui confient leur travail à la maison ». La situation créée par la guerre à cette maison ne lui a pas permis de continuer l'application de son système, mais combien de faits analogues on pourrait citer! A Londres, à la *South Metropolitan Gas Company*, la copartnership a augmenté la puissance de production de cette société de 17 0/0, et, comme le relate M. Jean Granier, « la fabrication du produit vendu s'est faite beaucoup plus rapidement et beaucoup mieux de l'avis de tous les directeurs des compagnies de gaz anglaises ». Les capitalistes fondateurs de cette société ont donc vu s'accroître la prospérité de l'affaire et par suite leurs bénéfices; les ouvriers et employés de toutes catégories ont touché au total, sous forme de salaires ou de dividendes, une rémunération bien plus élevée et enfin, conséquence qui peut avoir une portée économique et sociale considérable, *le prix de revient de l'unité du produit fabriqué s'est notablement abaissé par suite de l'application de la coparticipation aux bénéfices.* Et c'est d'ailleurs parce que la coparticipation aux bénéfices a donné à cette société de si excellents résultats que presque toutes les sociétés de gaz, à

Londres, ont aujourd'hui adopté le même système d'association du capital et du travail.

Des faits récents prouvent, au surplus, qu'en Angleterre la question de l'organisation du travail dans les grandes entreprises par la participation des salariés à la gestion et aux bénéfices fait de plus en plus l'objet des préoccupations des industriels et des travailleurs. C'est ainsi qu'au dernier congrès des Trade-Unions qui s'est tenu au mois de septembre, à Birmingham, dès la séance d'ouverture, le problème a été soulevé par M. Gosling, président du congrès, et par M. Neville-Chamberlain, lord-maire de Birmingham. Le *Times* a défini leurs vues en les résumant dans cette formule « une tendance à la paix sociale par l'accord industriel », et une revue française (1) a donné une analyse des idées de M. Gosling et celles du lord-maire de Birmingham, qui prouve que cette question : « Quels seront, après la guerre, les rapports entre ouvriers et patrons? » posée devant ce congrès a amené le délégué des Trade-Unions à envisager la possibilité d'établir un accord sur des bases analogues à celles sur lesquelles repose notre proposition de loi. « Avant la guerre, a dit M. Gosling, le Travail et le Capital vivaient sous le régime de la « paix armée »; dans l'usine régnait une hostilité latente. L'expérience a montré que la solidarité nationale, qui a remplacé la lutte de classes, a permis d'obtenir le maximum de rendement dans les usines de guerre », et M. Gosling a conclu en demandant que les ouvriers prennent part à l'administration des usines. De son côté, le lord-maire de Birmingham a déclaré : « Si les ouvriers étaient admis parfois aux conseils de leurs patrons, ils apporteraient à ceux qui les emploient une volonté meilleure de labeur utile, efficace, un dévouement plus entier au succès de l'œuvre commune, une résolution d'accroître et non de diminuer la production. Leur action corporative s'inquiéterait de ne pas jeter le trouble dans les projets à longue échéance établis par leur chef..... »

N'est-il pas, d'autre part, à remarquer qu'en Belgique les milieux industriels se préoccupaient aussi, avant la guerre, de ce même problème, et que le 20 août 1913, M. de Ponthière déposait sur le bureau de la Chambre belge une proposition de loi poursuivant le même but que la proposition que nous soumettons au Sénat et présentant avec elle certaines analogies?

(1) Voir l'*Opinion* du 23 septembre 1916.

Conclusions

Nous pensons donc, Messieurs, que toutes ces considérations vous démontreront que l'actionnariat ouvrier, surtout sous la forme de l'*actionnariat collectif*, est bien la meilleure forme sous laquelle on peut songer à faire cesser le conflit existant entre le capital et le travail et que vous adopterez la proposition de loi que nous vous soumettons et qui, tout en apportant au texte élaboré par M. Henry Chéron de sérieuses modifications, ne s'écarte pas des idées et des principes essentiels qui ont inspiré et guidé notre éminent collègue dans sa si louable initiative. Et la meilleure preuve que notre texte n'a point dénaturé la pensée qui a inspiré l'auteur de la proposition que nous étions chargés d'examiner, c'est que nous pourrions, presque sans y changer un mot, appliquer à notre proposition de loi l'exposé des motifs qui précède la proposition de M. Henry Chéron et dont nous reproduisons ci-dessous le passage essentiel :

« Dans sa forme juridique, le texte est simple. C'est un titre ajouté à la loi du 24 juillet 1867. Les sociétés à participation ouvrière comprendront à la fois des actions de capital et des actions de travail. Les actions de capital seront réglées par les règles du droit commun; les actions de travail seront la propriété collective des salariés de la société. Ceux-ci devront toutefois, pour avoir droit à cette copropriété, faire partie du personnel d'une façon permanente et continue, depuis un certain délai fixé par les statuts. Les actions de travail sont inaliénables pendant toute la durée de la société. Les dividendes attribués aux ouvriers seront répartis entre eux pendant la durée de celle-ci, conformément aux règles fixées par les statuts. Les ouvriers seront représentés aux assemblées générales et dans le conseil d'administration. En cas de dissolution, l'actif social ne sera réparti entre les actionnaires qu'après l'amortissement intégral des actions de capital. La part représentative des actions de travail sera répartie dans la même proportion que les dividendes annuels, entre les salariés comptant au moins dix ans de services consécutifs dans les établissements de la société.

« Il est aisé de voir quelle est la portée sociale de cette proposition de loi. Elle permet d'associer intimement le capital et le travail. Elle donne à l'ouvrier la possibilité de s'élever dans la hiérarchie sociale. Elle lui assure un droit de contrôle dans la direction et dans la gestion des entreprises qui seront ainsi constituées. Elle substitue aux défiances injustifiées, aux conflits toujours si fâcheux, la confiance et la solidarité qui procèdent d'une œuvre accomplie en commun ».

Aussi est-ce avec confiance que votre Commission soumet à votre approbation la proposition de loi dont vous trouverez plus loin le texte sur les sociétés à participation ouvrière. Le Sénat a souvent prouvé depuis de longs mois son souci de préparer le relèvement de notre pays après la guerre, de lui fournir tous les moyens de tirer rapidement parti de la situation que sa victoire et celle des alliés lui créera dans le monde; il a notamment prouvé, en votant la loi du 18 décembre 1915 sur les associations ouvrières de production, ses formelles intentions de procurer des facilités nouvelles à tous ceux qui voudront demain améliorer leur situation par le *Travail*, le travail fécond auquel chacun devra s'attacher avec plus d'ardeur pour contribuer à la reprise et à un essor plus grand de l'activité industrielle, commerciale et agricole du pays.

La loi que nous vous proposons de voter sera, dans un même ordre d'idées et vers le même but, une réforme qui, malgré des allures modestes, pourra avoir les plus heureuses conséquences. Elle viendra, d'ailleurs, pour un autre motif, à son heure. Elle sera pour tous, capitalistes, industriels, employés, ouvriers, une indication. Au lendemain du jour où toutes les classes de la société ont oublié leurs anciennes divisions, et se sont rapprochées et unies dans les tranchées pour la défense et le triomphe de la nation, il faut que, brisant les anciens et faux préjugés, employeurs et salariés se rapprochent et s'unissent dans un geste non moins grand, pour assurer, demain, la victoire économique de la France.

II

EXAMEN DES ARTICLES

Nous examinerons ci-après chacun des articles de la proposition de loi de M. Henry Chéron et de plusieurs de ses collègues relative aux *Sociétés par actions à participation ouvrière.*

ARTICLE PREMIER

La loi du 14 juillet 1867 sur les Sociétés est complétée par les dispositions suivantes :

Article 72.

Texte de la proposition de loi.

TITRE VI

Des Sociétés par actions à participation ouvrière.

« *Art.* 72. — Il peut être stipulé dans les statuts de toute société par actions que la société prendra la qualification de société par actions à participation ouvrière.

« Les sociétés dont les statuts contiennent la stipulation ci-dessus seront soumises, indépendamment des règles générales qui leur sont propres suivant leur forme spéciale, aux dispositions des articles suivants. »

Texte proposé par la Commission.

TITRE VI

Des Sociétés anonymes à participation ouvrière.

« *Art.* 72. — Il peut être stipulé dans les statuts de toute société anonyme que la société sera à *participation ouvrière.*

« Les sociétés anonymes dont les statuts ne contiendraient pas cette stipulation pourront se transformer en *sociétés à participation ouvrière* en procédant conformément aux paragraphes 2, 3, 4 de l'article 31 de la loi du 24 juillet 1867, modifié par la loi du 22 novembre 1913.

« Les sociétés anonymes à participation ouvrière seront soumises, indépendamment des règles générales applicables aux sociétés anonymes, aux dispositions des articles suivants. »

Les sociétés du type nouveau créées par la présente proposition de loi ne peuvent se rattacher qu'aux sociétés anonymes, ainsi que du reste nous le démontrons plus loin. D'autre part, il y avait lieu, selon nous, d'ajouter à cet article un alinéa prévoyant la possibilité de la transformation en sociétés anonymes à participation ouvrière de sociétés existantes, d'abord parce que cette transformation peut se produire et qu'il faut la souhaiter et, en second lieu, parce que peut-être quelques sociétés venant à se fonder préféreront ne pas prendre dès leur création la forme de société anonyme à participation ouvrière, préférant traverser sous le régime des sociétés anonymes ordinaires la période du début, parfois pleine d'aléa et de difficultés.

Article 73.

Texte de la proposition de loi.	Texte proposé par la Commission.
« *Art. 73.* — Les actions de ces sociétés se composent :	« *Art. 73.* — Les actions de ces sociétés se composent :
« 1° D'actions ou coupures d'actions de capital;	« 1° D'actions ou coupures d'actions de capital;
« 2° D'actions dites actions de travail, dont le nombre ne peut être inférieur au quart de celui des actions de capital.	« 2° D'actions dites « actions de travail ».
« Ces actions de travail donnent à leurs propriétaires des droits identiques à ceux des propriétaires d'actions de capital, sous réserve des dispositions ci-après. »	« Les actions de travail donnent des droits identiques à ceux des actions de capital, sous réserve des dispositions ci-après. »

Nous avons sur cet article une observation importante à présenter. Il serait en effet imprudent, à notre avis, d'imposer aux sociétés anonymes à participation ouvrière d'émettre un nombre d'actions de travail égal au moins au quart des actions de capital. Cette condition pourrait détourner certains fondateurs de société à donner à cette société la forme de société à participation ouvrière dans l'incertitude qu'ils pourraient être de la réussite de l'affaire avec une charge aussi importante, alors qu'ils n'hésiteraient peut-être plus s'ils pouvaient se contenter de créer un nombre d'actions de travail inférieur au quart des actions du capital. Dans la voie que nous indiquons il est sage, croyons-nous, d'encourager toutes les tentatives, mêmes timides; il n'y aura du reste aucun inconvénient à le faire, si on stipule que, toutefois, les sociétés à participation ouvrière qui viendraient à se fonder ne profiteront des avantages prévus par la présente loi que si le nombre des actions de travail est égal au moins au quart des actions de capital.

D'ailleurs, dans bien des cas, à la fondation d'une société anonyme, on ne fait appel qu'à une partie de la main-d'œuvre et du personnel administratif — du capital-travail — dont on aura besoin dans la suite comme on ne fait appel qu'à une partie du capital-argent, les actionnaires n'étant invités à se libérer du montant total de leurs souscriptions qu'au fur et à mesure des besoins de l'exploitation. Voici par exemple une société dont le capital a été fixé à 800.000 francs, les actionnaires ne sont appelés à verser au début que le quart du capital, soit 200.000 francs. Si la société était obligée de prévoir un nombre d'actions-travail égal au moins au quart des actions-capital pour pouvoir prendre la forme d'une société à participation ouvrière, elle devrait prévoir un nombre d'actions de travail représentant précisément une somme égale à ce quart du capital-argent, soit 200.000 francs. Qu'arriverait-il alors si l'entreprise n'embauchait au début que le dixième des ouvriers ou employés qu'elle viendrait à embaucher dans la suite, sans avoir besoin d'augmenter son capital social primitif et en faisant simplement appel au versement des 3/4 du capital prévu? La petite collectivité ouvrière du début profiterait d'un nombre d'actions considérable par rapport au nombre de ses membres; ceux-ci pourraient profiter de dividendes élevés qu'ils admettraient difficilement de voir réduire dans la suite, parce que l'accroissement des bénéfices ne serait pas proportionnel à l'accroissement du personnel. Il nous paraît donc préférable de permettre à la société anonyme à participation ouvrière de commencer par ne prévoir au début qu'un nombre d'actions de travail représentant une fraction du capital inférieure au quart, celle-ci pouvant toujours augmenter ultérieurement le nombre d'actions-travail.

Nous avons bien cherché à établir un système qui permît l'attribution proportionnelle des actions de travail eu égard à l'importance numérique des participants, l'intégralité du montant de ces actions de travail n'étant acquise au personnel que lorsque la collectivité qui le représenterait légalement compterait un nombre déterminé de membres, mais l'organisation d'un tel système, qu'il est du reste impossible de faire cadrer avec le statut général des sociétés anonymes, soulève des difficultés qu'il nous a été impossible de résoudre.

Article 74.

Texte de la proposition de loi.	Texte proposé par la Commission.
« *Art. 74.* — Les actions de travail sont la propriété collective des salariés de la société. « Ceux-ci doivent toujours, pour avoir droit à cette copropriété, faire partie du personnel de la société d'une façon permanente et continue depuis un certain délai fixé par les statuts. Les statuts ne peuvent exiger que le délai d'admission soit supérieur à deux ans.	« *Art. 74.* — Les actions de travail sont la propriété collective du personnel salarié (ouvriers et employés des deux sexes) constitué en société commerciale (société coopérative de main-d'œuvre), en conformité de l'article 68 de la loi du 24 juillet 1867, modifiée par la loi du 1er août 1893. Cette société de main-d'œuvre comprendra obligatoirement et exclusivement tous les salariés attachés à l'entreprise depuis au moins un an et âgés de plus de 21 ans. La perte de l'emploi salarié fait perdre au participant et sans indemnité tous ses droits dans la coopérative de main-d'œuvre sous la réserve stipulée à l'article 78 de la présente loi. « Lorsqu'une société se constituera dès son début sous le régime de la présente loi, c'est-à-dire sous la forme de société anonyme à participation ouvrière, les statuts de la société anonyme devront prévoir la mise en réserve, jusqu'à l'expiration de la première année, des actions de travail attribuées à la collectivité des salariés. A l'expiration de ce délai, ces actions seront remises à la coopérative de main-d'œuvre légalement constituée.
« Les dividendes attribués aux ouvriers sont répartis entre eux conformément aux règles fixées par les statuts de la société par actions.	« Les dividendes attribués aux ouvriers et employés faisant partie de la coopérative ouvrière sont répartis entre eux conformément aux règles fixées par les statuts de la société ouvrière et les décisions de ses assemblées générales. Toutefois, les statuts de la société anonyme devront disposer que, préalablement à toute disposition de dividendes, il sera prélevé sur les bénéfices, au profit des porteurs d'actions de capital, une somme correspondant à celle que produirait à l'intérêt qu'ils fixeront le capital versé.
« En aucun cas les actions de travail ne pourront être attribuées individuellement aux salariés de la société. »	« En aucun cas, les actions de travail ne pourront être attribuées individuellement aux salariés de la société, membres de la coopérative de main-d'œuvre ».

Cet article soulève une question de droit : comment donner à la collectivité des ouvriers qui recevra les actions une personnalité juridique? Tous ceux qui ont étudié ces questions ont vu là un problème délicat, mais M. Antonelli a indiqué une solution simple et heureuse que nous adoptons, mais qu'il nous semble indispensable de viser dans la loi. Cette solution consiste à constituer entre tous les salariés de l'entreprise une société à personnel variable, *véritable coopérative de main-d'œuvre*, seule propriétaire des actions de travail, dont la légalité ne fait aucun doute, et qui, en vertu de l'article 68 de la loi de 1867, modifiée par la loi du 1er août 1893, rend commerciale, quel que soit son objet. En d'autres termes, si le texte de l'article 74 du projet proclame nettement dans son premier alinéa le principe de la propriété collective des actions de travail, il est indispensable que ce principe se retrouve dans toute la loi et que par suite, dans ce même article, nous donnions un support juridique à cette propriété collective, que nous créions une entité juridique propriétaire des actions du travail. Cette entité sera la société coopérative de main-d'œuvre.

Votre Commission a estimé qu'un délai d'un an était suffisant pour permettre l'admission d'un salarié dans cette collectivité propriétaire des actions. Pour les sociétés qui se créent, il nous paraît aussi qu'au bout d'une année, ces sociétés sont à même de connaître leur personnel et de pouvoir apprécier la valeur de chacun des employés et des ouvriers. D'autre part, pour les sociétés qui se créeraient sous le régime que nous instituons, comment admettre que l'on pourrait attendre deux ans, comme le prévoyait la proposition de M. Henry Chéron, et encore moins un temps plus long comme peut-être certains le préféreraient? Au surplus, au moment de la constitution d'une société anonyme par actions, d'après la loi du 24 juillet 1867, le capital social doit être souscrit. Si, pour une société anonyme existant déjà depuis plusieurs années et devenant société anonyme à participation ouvrière, les actions de travail peuvent être remises de suite à la collectivité ouvrière, immédiatement organisable en *coopérative de main-d'œuvre* formée de tout le personnel comptant 2, 3, 4 ans et même plus de services, comment ne pas rechercher à diminuer le plus possible pour les sociétés qui se fonderont sous le régime de la loi nouvelle la durée du stage réclamé à ce personnel nouveau, comme la société elle-même, pour que ce personnel puisse se constituer en coopérative de main-d'œuvre recevant les actions-travail? C'est, croyons-nous, le seul moyen pour que les règles fixées par le Code de commerce pour la souscription du capital soient respectées. Le texte que nous proposons donne à toutes ces questions capitales les précisions nécessaires.

Comme on le voit, nous avons fixé un minimum d'âge pour que les salariés puissent faire partie de la société ouvrière recevant les actions de travail. Durée de service d'une année, minimum d'âge 21 ans, telles sont les conditions imposées aux diverses unités du personnel pour faire partie de la coopérative de main-d'œuvre. Mais, nous dira-t-on, tous les membres de ce personnel feront-ils forcément partie à ces deux conditions de la coopérative ouvrière? N'est-il pas utile de prévoir qu'au-dessus d'un certain chiffre de traitement ou de salaire, fixé par les statuts de la société anonyme, des agents, gérants, ingénieurs représentants, employés, contremaîtres, ouvriers même, ne seront plus considérés comme des salariés et ne pourront faire partie de la coopérative ouvrière et bénéficier du rendement des actions de travail? Nous ne le pensons pas. Cela ne pourrait que créer des antagonismes dans le personnel. Au surplus, n'est-il pas toujours possible à la société anonyme de faire une situation spéciale d'associé individuel à un directeur, à un ingénieur, à un gérant qui, dès lors, n'entrerait pas dans la coopérative de main-d'œuvre?

Les dividendes attribués aux ouvriers sont répartis entre eux, dit le texte de la proposition de M. Henry Chéron, conformément aux règles fixées par les statuts de la société anonyme. Si nous admettions cette manière de voir, les capitalistes fondateurs de la société pourraient prendre pour base de la répartition telles modalités qu'ils jugeraient préférables, soit au prorata des salaires, ou d'après l'ancienneté, soit d'après la production individuelle, l'importance de la valeur des services, soit en combinant ces divers modes d'appréciation, auxquels nous avons fait allusion dans nos considérations générales, en parlant des divers systèmes appliqués dans les entreprises qui ont pratiqué la participation aux bénéfices pure et simple.

Mais en procédant ainsi, en prévoyant à l'avance dans les statuts de la société anonyme le mode d'attribution des revenus des actions de travail, nous porterons atteinte au principe même de la *propriété collective* posé dès les premières lignes de ce même article et nous reviendrions à la conception de la *copropriété individuelle* des actions de travail que, tant au point de vue juridique que social, nous avons entendu rejeter. Une fois entrés dans une voie, ralliés à un principe, nous ne devons pas nous en écarter. La coopérative de main-d'œuvre étant propriétaire des actions de travail doit avoir la libre disposition des revenus de sa propriété, comme l'actionnaire de capital a la libre disposition des revenus de ses actions, même quand celles-ci sont frappées d'incessibilité et d'aliénabilité (actions des administrateurs). Il est non moins douteux que d'après notre conception et la position juridique du problème telle que nous l'avons adoptée, un salarié ne doit conserver aucun droit dans la gestion de l'entreprise pas plus que dans la répartition des dividendes dûs aux actions-travail lorsqu'il quitte l'entreprise. Théoriquement du moins un ouvrier qui quitte l'usine est remplacé par un autre qui se substitue à lui dans sa fonction comme dans ses droits. Enfin, n'apparaît-il pas qu'en laissant à la collectivité ouvrière le soin de répartir elle-même les dividendes entre tous ses membres, nous lui permettons d'exercer un droit d'appréciation des services de chacun qu'elle est à même plus que quiconque d'exercer impartialement, quoi qu'on en pense, et que nous lui laissons des responsabilités, des devoirs et des droits qui sont de nature à lui faire mieux comprendre encore le caractère de sa mission et à développer mieux encore chez elle cet intérêt d'ordre écoomnique qui lui fait défaut.

Dans un autre ordre d'idées, il est certain qu'une autre clause devait être introduite ici, s'inspirant des règles habituellement suivies par les sociétés qui ont jusqu'à ce jour essayé, soit en France, soit au dehors, le régime de la participation ou encore celui de l'actionnariat individuel, quand le salarié n'a pas acquis son action, soit avec les retenues opérées sur son salaire, soit avec les bénéfices de la participation, soit avec ses économies personnelles, mais qu'elle lui a été remise gratuitement.

Dans ces Sociétés, dans ces maisons, avant de répartir les bénéfices entre les participants au capital et aux bénéfices un prélèvement est effectué sur ces bénéfices et alloué aux porteurs des actions qui ont été acquises par des versements. Il faut, à notre avis, que les statuts des Sociétés anonymes à participation ouvrière soient obligatoirement tenues à prévoir ce prélèvement préalable.

Ce prélèvement est à la fois juste, logique et nécessaire : *juste* parce que l'action de capital a été payée alors que l'action de travail a été obtenue gratuitement; *logique* parce que le travail ayant reçu, avant tout dividende, une rémunération sous forme de salaire, l'action de capital doit, avant tout dividende, recevoir une rémunération; *nécessaire* parce que si l'on veut que les capitaux aillent à l'industrie, il faut lui donner toutes les garanties possibles d'y trouver au moins l'intérêt que lui offrent, avec moins d'aléas peut-être, tant de placements.

Article 75.

Texte de la proposition de loi.	Texte proposé par la Commission.
« *Art. 75.* — Les actions de travail sont nominatives, inscrites au nom de l'ensemble des ouvriers de la société, inaliénables pendant toute la durée de la société et frappées d'un timbre indiquant l'inaliénabilité. »	« *Art. 75.* — Les actions de travail sont nominatives, inscrites au nom de la société coopérative de main-d'œuvre, inaliénables pendant toute la durée de la société à participation ouvrière et frappées d'un timbre indiquant l'inaliénabilité et l'incessibilité de ces actions. »

En conformité de ces observations en prévoyant la formation d'une association entre les salariés, l'article 75 demandait les sérieuses modifications que nous lui avons fait subir.

Article 76.

Texte de la proposition de loi.	Texte proposé par la Commission.
Art. 76. — Les ouvriers sont représentés à l'assemblée générale et en justice par des mandataires, élus par les salariés participants, chacun de ces derniers disposant pour cette élection d'autant de voix que son salaire annuel, établi sur les comptes arrêtés quinze jours avant l'assemblée générale, comprend de fractions de 500 francs.	« *Art. 76.* — Les participants à la société coopérative de main-d'œuvre sont représentés aux assemblées générales par des mandataires élus par ces participants, chacun de ceux-ci disposant pour cette élection d'autant de voix que son salaire annuel, établi sur les comptes arrêtés quinze jours avant l'assemblée générale, comprend de fois le chiffre du salaire le plus faible attribué par la société aux salariés âgés de plus de 21 ans.
	« Ces élections ne sont valables que si les deux tiers des participants au moins ont assisté à la réunion où il a été procédé.
« Les mandataires élus disposent eux-mêmes à l'assemblée générale du nombre de voix déterminé par les statuts, eu égard au nombre d'actions de travail appartenant aux ouvriers. »	« Les mandataires élus doivent être choisis parmi les participants. Leur nombre est fixé par les statuts de la société anonyme.
	« Le nombre total des voix dont disposent ces mandataires à chaque assemblée générale, est au nombre total des voix attribuées au capital qui y est représenté, dans la même proportion que le nombre des actions de travail est à celui des actions de capital. Il est déterminé, au début de chaque assemblée, d'après les indications de la feuille de présence.
	« Les mandataires présents partagent également entre eux les voix qui leur sont ainsi attribuées, les plus âgés bénéficiant des voix restantes. »
	« En cas d'action judiciaire, les mandaires élus à la dernière assemblée générale désignent un ou plusieurs d'entre eux pour représenter les participants. Si aucune élection n'avait encore été ou si aucun des mandataires élus ne faisait plus partie de la coopérative de main-d'œuvre, il serait procédé à l'élection de mandataires spéciaux dans les formes et conditions prévues au paragraphe premier du présent article.
	« Toutes les décisions des assemblées générale de la coopérative de main-d'œuvre devront d'ailleurs être prises dans ces mêmes formes et conditions. »

Cet article suggère quelques observations. Il est bien évident tout d'abord que ce ne sont pas seulement des *ouvriers* qui doivent bénéficier de la participation au capital et aux bénéfices, mais tout le personnel, réuni, d'après les articles que nous venons de proposer, en coopérative de main-d'œuvre. Mais cette observation ne vise que la forme et il est autrement important de faire remarquer tout d'abord que la base fixée par cet article pour établir le nombre de voix de chacun des membres de la coopérative à l'élection de leurs représentants aux assemblées générales et en justice présente des inconvénients. Elle permettrait par trop en effet, d'après les calculs auxquels nous nous sommes livré, dans une coopérative comprenant par exemple 1.000 participants, à 300 seulement d'avoir un nombre de voix supérieur à celui des 700 autres.

D'autre part, sans avoir d'autre résultat que de

compliquer les votes, la base indiquée donnerait à chacun un trop grand nombre de voix; il est préférable de prendre pour base le salaire le plus faible, le participant au salaire le plus faible ayant une voix et chacun des autres participants ayant autant de voix que son salaire comprend de fois le chiffre de ce salaire minimum.

Nous croyons qu'il faut aussi bien préciser que les mandataires ne peuvent être choisis que parmi les membres de la *société ouvrière coopérative*, et de stipuler d'autre part que le nombre de ces mandataires sera fixé par les statuts de la société anonyme, ce nombre pouvant être très variable. Il doit être supérieur, en effet, ou au moins égal au nombre des administrateurs représentant la coopérative ouvrière au sein du conseil d'administration de la société anonyme mais ce nombre d'administrateurs ne pouvant être évalué que par le rapport variable existant entre les actions de travail, différera d'une société à l'autre. Enfin, le nombre de ces mandataires pouvant être assez élevé, il était de toute utilité, pour les actions judiciaires, de prévoir qu'un seul ou un nombre limité d'entre eux sera chargé de représenter la collectivité. Enfin, nous avons eu à préciser comment voteraient à l'assemblée des actionnaires les mandataires du personnel.

Article 77.

Texte de la proposition de loi.	Texte proposé par la Commission.
« *Art. 77.* — Toutefois, les assemblées qui ont à délibérer sur les modifications aux statuts ou sur les propositions de continuation de la société au-delà du terme fixé pour sa durée ou de dissolution avant ce terme, ne sont régulièrement constituées et ne délibèrent valablement qu'autant qu'elles sont composées d'un nombre d'actionnaires (autres que les porteurs d'actions de travail) représentant au moins les trois quarts de capital social.	« *Art. 77.* — Toutefois les assemblées générales ordinaires ou extraordinaires des sociétés anonymes à participation ouvrière, délibérant sur des modifications à apporter aux statuts ou sur des propositions de continuation de la société au-delà du terme fixé pour sa durée ou de dissolution avant ce terme, ne sont régulièrement constituées et ne peuvent délibérer valablement qu'autant qu'elles comprendront un nombre d'actionnaires représentant les trois quarts des actions de capital.
« Dans le cas où une décision de l'assemblée générale comporterait une modification dans les droits attachés aux actions de travail, cette décision ne sera définitive qu'après avoir été ratifiée par une assemblée spéciale des ouvriers. »	« Dans le cas où une décision de l'assemblée générale comporterait une modification dans les droits attachés aux actions de travail, cette décision ne sera définitive qu'après avoir été ratifiée par une assemblée de la coopérative de main-d'œuvre. »

Nous avons peu à dire sur cet article, dont votre Commission a accepté intégralement les dispositions; cependant pour la clarté du texte, nous lui avons fait subir quelles modifications de rédaction.

Article 78.

Texte de la proposition de loi.	Texte proposé par la Commission.
Art. 78. — Le conseil d'administration de la Société à participation ouvrière se compose pour le quart au moins et le tiers au plus de représentants des ouvriers. Si le conseil d'administration ne se compose que de trois membres, il devra comprendre au moins un représentant des ouvriers.	*Art. 78.* — Le conseil d'administration de la société anonyme à participation ouvrière comprend des représentants de la société coopérative de main-d'œuvre; ces représentants sont élus par l'assemblée générale des actionnaires et choisis parmi les mandataires qui représentent la coopérative à cette assemblée générale.

Texte de la proposition de loi.

« Cette règle s'applique au conseil de surveillance des sociétés en commandite par actions à participation ouvrière. »

Texte proposé par la Commission.

« Le nombre en est fixé par le rapport qui existe entre les actions de travail et les actions de capital ; ils sont nommés pour le même temps que les autres administrateurs et sont comme eux rééligibles ; toutefois, leur mandat prend fin s'ils cessent d'être salariés de la société et par suite membres de la coopérative.

« Si le conseil d'administration ne se compose que de trois membres, il devra comprendre au moins un représentant de la société ouvrière. »

Cet article réclamait de sérieuses modifications.

Tout d'abord, pourquoi stipuler que le conseil d'administration de la société anonyme à participation ouvrière se composera « pour le quart au moins des représentants » du personnel? Le nombre des représentants du personnel n'est-il pas déterminé par le rapport existant entre les actions de travail et les actions de capital? De même que cette règle à l'article 76 a fixé le nombre de voix accordé aux mandataires de la coopérative de main-d'œuvre à l'assemblée générale des actionnaires, cette règle fixera le nombre des représentants du personnel au sein du conseil d'administration. Il est bien nécessaire en revanche d'exiger que si le conseil d'administration ne se compose que de trois membres, il devra comprendre au moins un représentant des ouvriers.

Par qui seront élus ces représentants du personnel au conseil d'administration? Aux termes du Code de commerce, ils doivent être désignés par l'assemblée générale des actionnaires. Ils seront donc forcément choisis parmi les mandataires de la coopérative ouvrière à l'assemblée générale des actionnaires. Nous croyons cependant devoir l'indiquer à cet article, comme aussi d'y indiquer la durée de leur mandat.

Enfin, comme nous l'avons dit dans nos considérations générales, la loi qui vous est soumise ne peut s'appliquer qu'aux sociétés anonymes ; elle ne peut viser les *sociétés en commandite par actions*.

En effet, quel est le but de l'action du travail? D'associer le travail et le capital, une collectivité de travailleurs à une collectivité de capitalistes. Les actionnaires représentant le capital-argent et la coopérative de main-d'œuvre représentant le capital-travail doivent tous deux, au même titre, participer à la gestion de l'entreprise. Or, dans la société en commandite par actions, l'actionnaire n'est pas *entrepreneur* comme dans la société anonyme, mais simplement un prêteur de fonds n'ayant aucun droit de s'immiscer dans la gestion du ou des *commandités* qui est ou qui sont les *véritables et seuls entrepreneurs* au sens où les économistes entendent ce mot. Il est bien évident que juridiquement rien ne s'oppose à ce qu'une convention entre commanditaires et commandités accorde une part de bénéfices à la collectivité ouvrière, voire même des actions. Mais on retomberait alors dans le système de la participation aux bénéfices pure et simple, sans intervention dans la gestion du personnel, sans les avantages sociaux que nous attendons de notre système. En conséquence, l'alinéa relatif aux sociétés en commandite ne pouvait être maintenu.

Article 79.

Texte de la proposition de loi.

Art. 79. — En cas de dissolution, l'actif social n'est réparti entre les actionnaires qu'après l'amortissement intégral des actions de capital.

« La part représentative des actions de travail est

Texte proposé par la Commission.

« *Art. 79.* — En cas de dissolution, l'actif social n'est réparti entre les actionnaires qu'après l'amortissement intégral des actions de capital.

« La part représentative des actions de travail, con-

Texte de la proposition de loi.

répartie, au moment de la dissolution, conformément aux règles fixées par les statuts de la société, entre les salariés comptant au moins dix ans de services consécutifs dans les établissements de la société, ou tout au moins une durée de services égale à la moitié de la durée de la société. »

Texte proposé par la Commission.

formément aux dispositions prises par l'assemblée générale de la coopérative ouvrière convoquée à cet effet, est alors répartie entre les participants et anciens participants comptant au moins dix ans de service consécutifs dans les établissements de la société ou tout au moins une durée de services sans interruption, égale à la moitié de la durée de la société.

« Toutefois, les anciens participants ayant quitté la société pour cause de maladie ou de vieillesse et après y avoir travaillé pendant plus de dix années consécutives, ou tout au moins sans interruption pendant une durée égale à la moitié de la durée de la société, ne figureront à la répartition que pour 9/10, 8/10, 7/10, etc... d'une part correspondant à la durée de leurs services, suivant qu'ils auront cessé leurs services depuis un an, deux ans, trois ans, etc...

« La dissolution de la société anonyme entraîne la dissolution de la coopérative de main-d'œuvre. »

Votre Commission aurait accepté sans aucune addition cet article s'il ne lui était apparu qu'il serait profondément injuste de ne pas tenir compte des anciens participants, ayant travaillé dans la société pendant dix ans ou pendant une durée de services égale à la moitié de la durée de la société et qui n'ont quitté leur poste que pour cause de maladie ou de vieillesse, après avoir souvent grandement contribué à assurer la marche de l'entreprise, peut-être dans sa période la plus difficile. Nous vous proposons donc de lui faire une part dans la répartition de la part représentative des actions de travail, au moment de la dissolution. Enfin, il convenait d'indiquer dans cet article que la dissolution de la société anonyme entraîne celle de la société ouvrière.

Comme on peut le voir, l'article 78 est devenu l'article 79 et inversement.

Article 80.

Texte de la proposition de loi.

« *Art. 80.* — Les sociétés « actuellement existantes » qui se conformeront aux dispositions précédentes seront affranchies de tous les droits de timbre et d'enregistrement, tant pour leurs statuts eux-mêmes que pour les augmentations de capital.

« Les actions de travail bénéficieront des avantages accordés par l'article 21 de la loi du 30 décembre 1903, complété par l'article 25 de la loi de finances du 8 avril 1910, aux parts d'intérêts ou actions dans les sociétés de toute nature, dites de coopération, formées exclusivement entre ouvriers et artisans. Ces mêmes titres seront, en outre, affranchis du droit proportionnel de timbre édicté par la loi du 5 juin 1850 et du droit de transmission établi par la loi du 23 juin 1857.

Texte proposé par la Commission.

« *Art. 80.* — Les sociétés qui se conformeront aux dispositions précédentes seront affranchies de tous les droits de timbre et d'enregistrement, tant pour leurs statuts eux-mêmes que pour les augmentations de capital constituées en actions de travail.

« Celles dans lesquelles le nombre des actions de travail sera égal au moins au 1/4 du nombre des actions de capital, bénéficieront, en outre pour leurs actions de travail, des avantages accordés par l'article 21 de la loi du 30 décembre 1903, complété par l'article 25 de la loi de finances du 8 avril 1910 aux parts d'intérêts ou actions dans les sociétés de toute nature dites de coopération, formées exclusivement entre ouvriers et artisans. Ces mêmes titres seront, de plus, affran-

Texte de la proposition de loi.	Texte proposé par la Commission
	chis du droit proportionnel de timbre édicté par la loi du 5 juin 1850, et du droit de transmission établi par la loi du 23 juin 1857.
« Indépendamment des immunités fiscales ci-dessus prévues, les sociétés à participation ouvrière bénéficieront des avantages accordés par les lois et décrets en vigueur aux sociétés coopératives. »	« Indépendamment des immunités fiscales ci-dessus prévues, les sociétés a participation ouvrière prévues au paragraphe précédent bénéficieront des avantages accordés par les lois et décrets en vigueur pour les sociétés coopératives en ce qui concerne les adjudications et soumissions de travaux publics. »

Cet article doit être modifié. L'article 73 n'impose plus aux fondateurs de sociétés anonymes que le nombre des actions de travail représente le quart des actions de capital pour que ces sociétés puissent prendre le titre de sociétés à participation ouvrière, mais il stipule que les sociétés venant à se créer et voulant à leur fondation se créer sous la forme de société anonyme à participation ouvrière ne pourraient bénéficier des avantages concédés par la loi nouvelle que si le nombre des actions de travail atteignait le quart au moins des actions de capital.

D'autre part, nous rendant aux observations présentées à la Commission par M. le Ministre du Travail au nom de M. le Ministre des Finances, nous avons restreint certains des avantages accordés aux sociétés à participation ouvrière, désireux d'établir un accord complet entre le Gouvernement et la Commission.

ARTICLE II

Le deuxième alinéa de l'article 64 de la loi du 24 juillet 1867 est complété par la disposition suivante :

Texte de la proposition de loi.	Texte proposé par la Commission.
« Si la société use de la faculté d'émettre des actions de travail, cette circonstance doit être mentionnée par l'addition de ces mots : « A participation ouvrière. »	« Si la société use de la faculté d'émettre des actions de travail, cette circonstance doit être mentionnée par l'addition de ces mots : « A participation ouvrière. »

A cet article, nous n'avons à ajouter aucun changement (1).

En conséquence, nous vous proposons, Messieurs, d'adopter la proposition de loi dont la teneur suit :

---

(1) On trouvera à la fin de ce rapport les textes de la plupart des articles de lois visés par les articles de la présente proposition.

CHAMBRE DES DÉPUTÉS

RAPPORT

FAIT

Au nom de la commission du travail chargée d'examiner la proposition de de loi, adoptée par le Sénat, sur les sociétés anonymes à participation ouvrière.

PAR M. LOUIS DESCHAMPS

DÉPUTÉ

Messieurs, dans ses séances des 22 février et 2 mars, le Sénat a voté une proposition de loi qui apporte dans notre droit une formule nouvelle susceptible d'atténuer, dans une large mesure, les conflits trop fréquents du capital et du travail.

La proposition de loi « sur les sociétés anonymes à participation ouvrière » déclare, en effet, que dans les sociétés anonymes, des actions de travail pourront désormais exister à côté des actions de capital; que ces actions de travail donneront à l'entité juridique qui en sera détentrice des droits identiques à ceux des actions de capital, et ainsi s'élève à côté de la notion sèche, étroite du salariat un principe nouveau plus large, plus juste. Il est désormais reconnu que le travail n'a pas reçu toute la rémunération à laquelle il peut prétendre par le payement du salaire; il a droit, en outre, dans une juste mesure, à une partie de la richesse qu'il a aidé à produire.

Avant d'analyser la proposition de loi soumise à la Chambre, il semble qu'il soit nécessaire de rechercher les attaches qu'elle peut avoir dans le passé, les différents projets auxquels songèrent les esprits inquiets de justice sociale, afin de répartir plus également les richesses entre ceux qui les avaient produites.

Ce fut en 1879 que, pour la première fois, une proposition de loi fut présentée à la Chambre des députés afin d'assurer aux ouvriers la participation aux bénéfices; elle émanait de M. Laroche-Joubert. Cette proposition avait pour objet « de pousser au système coopératif, c'est-à-dire à l'association de l'intelligence du capital et du travail, par la participation imposée aux adjudicateurs, lors de la confection du cahier des charges des travaux à exécuter pour le compte de l'État, des départements et des communes ».

En 1882, MM. Balue, Jules Roche, Lagrange et Laisant déposaient une proposition s'inspirant des mêmes idées, mais ils n'imposaient la participation que pour les exploitations permanentes concédées par les administrations gouvernementales, départementales et municipales.

En 1891, MM. Guillemet, Maujan, Laroche-Joubert et un grand nombre de leurs collègues présentaient à la Chambre une proposition dans le même sens.

M. Guillemet la reprenait en 1895.

Ces diverses propositions reposaient toutes sur la même pensée que M. Guillemet indiquait dans son exposé des motifs : « La seule difficulté c'est que l'État ne peut agir sur l'industrie privée que par persuasion et qu'il n'y a rien de plus difficile à faire entendre aux gens que leur propre intérêt. Tout ce que l'État peut faire, c'est montrer l'exemple et il serait bien coupable s'il se contentait de jouer le rôle de donneur de conseils. » Et ailleurs, il écrivait : « l'État pour montrer l'exemple, peut faire de la participation une des conditions de ses concessions, mais il doit respecter la liberté individuelle et tout contrat conclu entre particuliers... Il peut faire connaître les résultats des expériences et démontrer que si la participation était mise en pratique elle mettrait fin pacifiquement et régulièrement à tout ce qui trouble le plus actuellement la société, à la guerre entre le capital et le travail...

Ces diverses propositions intéressantes à plus d'un titre, qui contiennent des idées dont le législateur devra s'imposer la résiliation dans une brève échéance, ne résumaient pas les seules formules auxquelles recourut l'activité parlementaire pour obtenir plus de justice dans la répartition des richesses.

N'est-il pas possible de permettre aux ouvriers d'acquérir des actions dans les diverses sociétés, de devenir de véritables capitalistes, et ainsi d'être intéressés dans une mesure réduite sans doute, mais encore suffisante aux bénéfices qu'elles pourront réaliser? La valeur d'émission des actions dans les diverses sociétés telle qu'elle a été fixée par la loi de 1867, modifiée par la loi du 1er août 1893, constitue une réforme insuffisante. Il faut que les sociétés quelque soit leur capital, aient la faculté d'émettre des titres de 25 fr. Le 26 octobre 1895, MM. Georges Graux, Méline, Jonnart et Boudenoot députés, déposent une proposition de loi en ce sens.

Elle est reprise le 13 juillet 1899 par MM. Georges Graux et Boudenoot, mais la Chambre ne statue pas.

Entre temps, le 23 juin 1892, M. Naquet avait présenté une proposition de loi réglant le partage des bénéfices dans les sociétés anonymes ou en commandite par actions et répartissant les bénéfices réalisés entre le capital et le travail.

Le 17 mai 1909, Justin Godart écrivit une proposition plus hardie sur certains points que celle qui l'avaient précédée. Il demandait la création « des actions de jouissance du travail », voulant imposer aux sociétés par actions, l'amortissement de leur capital et « rendre le capital initial et le travail copropriétaires de l'actif social libéré à l'égard du premier par le remboursement des actions ».

L'honorable M. Chéron, dont tous ceux qui le connaissent s'accordent à louer les généreuses initiatives pendant son passage au ministère du travail, déposa, le 19 mai 1913, un projet de loi sur les sociétés par actions à participation ouvrière. Il reprit cette idée sous forme de proposition au Sénat le 23 décembre 1915.

C'est cette proposition qui, modifiée, amendée, mais ayant conservé son caractère essentiel, a abouti à la proposition de loi soumise actuellement aux délibérations de la Chambre.

Si l'on considère les diverses propositions que nous venons de rappeler, antérieures à celle de l'honorable M. Chéron, on remarque qu'aucune n'était susceptible de donner satisfaction, dans des conditions suffisantes, aux désirs légitimes de ceux qui voulaient mettre un terme à l'inégalité de la répartition des richesses.

Les premières propositions, intéressantes à plus d'un titre, ayant toute la valeur d'un exemple, ne fournissaient pas à la classe ouvrière, la possibilité légale de réaliser la participation dans les bénéfices. Sans doute, il appartient à l'État de marquer, chaque fois qu'il lui est possible, les premiers pas de la législation plus humaine, plus juste du lendemain ; mais cette manifestation, si remarquable qu'elle soit est insuffisante, car elle ne donne pas à ceux qui désirent la suivre le moyen de le faire.

Les propositions de loi qui ne poursuivaient d'autre but que celui de réduire le taux d'émission des actions dans les diverses sociétés, ne pouvaient etre d'une grande réalisation pratique. Elles mettaient l'ouvrier dans la nécessité d'acquérir des actions, alors que, d'une façon générale, son salaire, à peine suffisant pour les besoins de chaque jour, l'empêchait de réaliser des économies. Elles ne pouvaient s'adresser qu'à un petit nombre d'ouvriers, et, à ce titre, n'apportaient pas la solution que leurs auteurs désiraient obtenir.

M. Justin Godart avait écrit une proposition de loi hardiment novatrice, mais ayant de graves inconvénients ; tout d'abord les ouvriers ne pouvaient bénéficier des actions du travail qu'autant que l'entreprise avait réussi ; l'organisme créé pour les représenter était un organisme lointain qui gérait en dehors d'eux, au-dessus d'euv, l'entreprise et les avantages essentiels de la participation aux bénéfices, à savoir, l'admission des ouvriers à la direction, à l'administration de la société, se trouvait ainsi écartée. Enfin, M. Justin Godart faisait une obligation pour les sociétés par actions de créer des actions du travail, alors qu'il paraît avec juste raison qu'il ne peut s'agit que d'initiatives encouragées; favorisées par le législateur, en dehors de toute contrainte.

Aucune objection de principe n'a été faite au Sénat au cours des deux délibérations auxquelles la présente proposition a été soumise. C'est la reconnaissance la plus formelle de l'adhésion de tous les esprits au principe d'equité qu'elle contient; c'est aussi l'indication du soin minutieux avec lequel la commission du travail et son honorable rapporteur, M. Charles Deloncle, l'avaient étudiée.

Si on analyse la proposition de loi votée par le Sénat on y trouve trois idées essentielles :

1° Les ouvriers auront droit désormais à une part des bénéfices réalisés par l'entreprise à laquelle ils sont attachés;

2° Ils participeront à sa gestion, seront représentés aux assemblées générales, auront leur place dans le conseil d'administration;

3° Ils auront un droit de créance éventuel sur l'actif social de la société.

Le travail, de même que le capital, représentera désormais un droit fixe, permanent; ce droit donnera naissance à une action : l'action du travail.

La notion du salaire constant, invariable, versé à l'ouvrier quels que soient les résultats de l'entreprise a ainsi un terme. L'ouvrier a droit à une part des bénéfices que son intelligence et ses efforts ont permis de réaliser.

La puissance du régime capitaliste accrue par les progrès de l'outillage, accentua au cours du siècle dernier la scission entre le capital et le travail. L'ouvrier fut spécialisé dans sa tâche; il ne fut plus qu'un rouage dans l'usine. Il ressentit alors davantage toute la force des liens qui l'attachaient à ses camarades penchés sur le même labeur et il comprit que seules l'union, l'organisation, permettraient à tous d'obtenir les réalisations légitimes auxquelles ils pouvaient prétendre. La loi de 1884 donna une forme légale à leurs aspirations.

Devenus forts par leur union, les ouvriers songèrent à obtenir des conditions meilleures du travail, à défendre leurs intérêts corporatifs; des obstinations souvent fâcheuses donnèrent un caractère d'âpreté à la lutte; des exigences parfois démesurées vinrent y ajouter; bientôt, patrons et ouvriers se considérèrent comme des ennemis irréductibles. Le fossé allait-il être définitivement creusé alors que bien souvent les discussions, les grèves qui les avaient suivies, étaient nées de malentendus qu'il eût été possible d'éviter par une connaissance plus réelle des difficultés de l'entreprise chez les uns, par une plus exacte compréhension de leurs devoirs chez les autres? Chacun s'ingénia à trouver un remède. On imagina le contrat collectif du travail, mais il ne pouvait constituer qu'un simple palliatif insuffisant à lui seul pour créer une situation meilleure. L'arbitrage, lui aussi, même rendu obligatoire, si intéressant, si utile qu'il semblât, ne pouvait empêcher bien des conflits de naître et ceux auxquels il mettait un terme, pouvaient se renouveler le lendemain à raison même du caractère transactionnel de l'accord qui les avait terminés.

L'entrée de l'ouvrier, au contraire, dans la gestion de l'entreprise, dans son administration, la possibilité pour lui de s'élever dans la hiérarchie sociale, de donner une activité à son cerveau, doivent avoir l'influence la plus heureuse sur la solution du problème. L'usine ne sera plus pour lui la chose morte qu'elle a été trop souvent jusqu'à ce jour; il ressentira pour elle cette affectivité sans laquelle il n'y a rien dans la vie; il s'initiera aux difficultés de l'entreprise, en saisira les risques, les comprendra d'autant mieux qu'il les supportera; de simple salarié il sera devenu un collaborateur; au principe d'autorité se sera substitué l'idée d'association.

Certains ne peuvent admettre une pareille évolution et, ne s'apercevant pas que les conditions sociales se modifient au cours des siècles, s'élèvent contre une pareille organisation économique. Le patron, disent-ils, a le souci de l'entreprise, seul il en supporte les risques, seul il doit la diriger. Comment pourrait-il agir, dans certains cas où des initiatives grosses de conséquences doivent être prises; si vous instituez une direction à côté de la sienne, sa volonté, sa liberté d'esprit, seront annihilés. Il n'est pas dans notre pensée de méconnaître l'importance du rôle joué par le patron, les graves soucis qui le tiennent, mais ce n'est pas cette proposition de loi qui pourra troubler de la moindre manière l'autorité dont il a besoin. L'intérêt du patron se confond avec l'intérêt des ouvriers associés dans l'entreprise. Capital et travail poursuivent un but identique; la réalisation de bénéfices; on ne voit pas comment pourrait naître un conflit de volontés.

Le patron a d'ailleurs, d'après la proposition de loi, la liberté de créer la participation aux bénéfices de ses ouvriers au moment qui lui semble le plus opportun et si, au début de l'entreprise, il veut seul résoudre les difficultés qui peuvent naitre, il lui sera loisible de créer plus tard cette participation

Mais, disent quelques-uns, pourquoi voulez-vous la participation aux bénéfices sous cette forme? La participation peut être réalisée sans que l'ouvrier n'ait à s'occuper de la direction de l'entreprise; dans beaucoup d'entreprises, les patrons versent une part de leurs bénéfices aux ouvriers sans que ceux-ci n'en demandent davantage, car ils recherchent surtout l'accroissement de leur salaire.

Tous ces modes de participation, dépendant de la seule volonté du patron, sont tous affectés du même caractère de paternalisme qu'avec juste raison l'honorable M. Charles Deloncle a critiqué, et, pour dire toute notre pensée, nous considérons, dans la présente proposition de loi, beaucoup moins le dividende que l'ouvrier touchera en plus de son salaire, que sa participation à la direction de l'entreprise. C'est là surtout que nous voyons une innovation heureuse, et la possibilité d'empêcher la naissance de beaucoup de conflits.

Le principe des actions du travail admis, qui pouvait en être le détenteur? Devaient-elles constituer une propriété individuelle ou une propriété collective? Allaient-elles être remises à des ouvriers qui les détiendraient temporairement et qui même pourraient les emporter s'ils venaient à quitter l'usine? De grosses difficultés pratiques seraient nées si on avait admis que les actions du travail pussent constituer une propriété individuelle. La difficulté de les répartir également entre tous les ouvriers et employés, l'impossibilité d'y parvenir, les raisons de conflits qui seraient nés de cette inégalité, constituaient autant d'arguments en faveur de la propriété collective. Seule, la collectivité pouvait posséder les actions du travail, retirer, aux termes des statuts, les droits qui étaient afférents, répartir les bénéfices dans des mesures déterminées. La proposition de loi a décidé que la collectivité serait représentée par une entité juridique qu'elle a denommée « société coopérative de main-d'œuvre ».

C'est là une combinaison originale qui mérite d'être retenue, car elle met en présence la société anonyme constituée par les actions de capital et la coopérative ouvrière qui deviendra propriétaire des actions de travail.

Il se peut que pour des raisons quelconques la société vienne à se dissoudre. Dans ce cas, le droit de créance éventuel des ouvriers sur l'actif social pourra se réaliser, mais il ne le sera que dans certaines conditions, exclusives de toute atteinte portée au capital; l'actif social ne pourra, en effet, être réparti entre les actionnaires qu'après l'amortissement intégral des actions de capital.

Telle est, analysée en ses parties essentielles, la proposition de loi soumise aux délibérations de la Chambre. Nous en aurons fini, lorsque nous aurons examiné le problème juridique qu'elle soulève.

Le problème juridique est d'ailleurs beaucoup plus spéculatif que réel. Un juriste pourrait discuter longuement la question de savoir si, dans l'état actuel de la législation, il est possible de créer des actions de travail. La loi nouvelle a pour but d'écarter des objections de cette sorte, et de faire entrer, sans discussion possible, l'action de travail dans le domaine de la légalité.

Au surplus, les objections ne sont pas graves, car l'action de travail a le caractère d'une action véritable. Certains ont prétendu qu'elle constituait soit une créance sur la société, soit une part d'intérêt à raison de son caractère d'inaliénabilité, mais qu'elle ne pouvait avoir un autre caractère. On a voulu tirer argument de l'article 1er de la loi de 1867 et de l'article 34 du code de commerce aux termes desquels une action doit être payée soit en capital-argent, soit en capital-nature estimable en argent, et on a déclaré que les services futurs représentés par l'apport-travail ne pouvaient être appréciés en capital.

En réalité, une action peut être la rémunération d'un apport en nature. d'un service rendu à la société. La main-d'œuvre constitue un apport des plus précieux puisqu'il est indispensable au succès de l'entreprise.

La coopérative de main-d'œuvre est l'organisme qui facilitera la réalisation de cet apport, sa régularité si nécessaire au fonctionnement de l'entreprise. Elle rend ainsi à la société un service éminent; il est juste de l'en rémunérer par des actions de travail, et la création de ces titres est ainsi conforme aux principes généraux du droit en matière d'actions de sociétés.

Il s'agit bien, du reste, à tous égards, d'une action proprement dite, puisque l'action de travail va non seulement participer aux bénéfices et aux pertes, mais donner à la collectivité qui les possède, le droit de participer aux assemblées générales et d'entrer dans le conseil d'administration de la société.

Nous souhaitons que la Chambre adopte, dans un bref délai, la proposition de loi sur « les sociétés anonymes à participation ouvrière ». Il faut, en effet, que demain, après l'épreuve la plus cruelle qu'un peuple, dans le cours de son histoire, ait eu à connaître, la France acquière une vitalité économique qui lui permettra de se relever rapidement et d'obtenir sur le marché mondial le rang auquel elle a droit. Les conflits du capital et du travail, si graves avant la guerre, le seraient bien davantage à ce moment où toutes les énergies devront être tendues vers le même but. Cette proposition de loi marque un pas nouveau vers une plus grande justice; elle crée pour les parties en présence, pour le capital et pour le travail, une possibilité de composer plutôt que de demeurer dans une attitude d'opposition grosse de tous les dangers. Est-ce s'illusionner que de penser qu'elle pourra, dans l'évolution perpétuelle qui nous entraîne, marquer une étape heureuse vers la réconciliation sociale?

La parole, dans la discussion générale, est à M. le rapporteur.

M. Charles Deloncle, *rapporteur*. Messieurs, la proposition de loi de M. Henry Chéron, qui est soumise aujourd'hui à vos délibérations et qui a été examinée avec le plus grand soin, vous n'en doutez pas, par votre commission des associations ouvrières de production et du crédit au travail, se présente avec des allures très modestes.

Elle a, en effet, simplement pour objet d'ajouter à la loi du 24 juillet 1867 sur les sociétés, complétée par la loi du 1er août 1893, quelques articles créant, à côté des cinq formes de sociétés déjà prévues par le code de commerce, une forme nouvelle, la société anonyme à participation ouvrière (*Très bien!*)

Mais, quand on examine cette proposition avec un peu d'attention, on s'aperçoit rapidement qu'elle touche à un problème social et économique de la plus haute importance, puisqu'il a pour objet de résoudre, pour les grandes entreprises industrielles et commerciales constituées en sociétés anonymes, cette question si troublante des rapports, malheureusement trop souvent difficiles, du capital et du travail.

Une question de cette nature, un sujet aussi vaste, aussi complexe et aussi grave aurait exigé, pour être portée à cette tribune et y être soutenue, un rapporteur possédant, à défaut d'éloquence — nous sommes à une époque où l'éloquence a peut être perdu un peu de son prix...

M. Aimond. Vous êtes trop modeste.

M. le rapporteur... possédant la science d'un juriste, les connaissances d'un économiste et d'un financier, et encore la pratique d'un industriel.

Je n'ai aucune de ces qualités. En revanche, il est une chose que je crois avoir : c'est la bienveillance du Sénat, bienveillance que vous ne refusez jamais à ceux de vos collègues qui abordent pour la première fois la tribune de cette Assemblée (*Très bien! très bien!*)

J'examinerai tout d'abord, si vous le voulez bien, cette forme nouvelle de société qui porte le titre de société anonyme à participation ouvrière et que notre proposition a pour but de prévoir dans nos lois.

Dans la société anonyme à participation ouvrière, les actions seront de deux catégories distinctes : les actions de capital et les actions de travail.

Lorsque la société aura été constituée, les actions de travail, dont le nombre aura été déterminé par les fondateurs et fixé par les statuts, seront remises au bout de la première année de fonctionnement à la collectivité des salariés, ouvriers et employés des deux sexes, pourvu qu'ils remplissent deux conditions indispensables : que chacun d'eux soit âgé de plus de vingt et un ans et qu'il soit au service de la société depuis un an au moins. Cette remise des actions à cette collectivité est effectuée gratuitement.

Un premier problème consistait à faire de cette collectivité une entité juridique. Votre commission a estimé nécessaire, modifiant sur ce point le projet de l'honorable M. Henry Chéron, de prévoir que cette collectivité de salariés se constituerait elle-même en une société anonyme, en conformité de la loi de 1867, dans des conditions qui, comme je l'expliquerai tout à l'heure, sont parfaitement légales. Cette coopérative de main-d'œuvre qui, d'ailleurs, ne réunira pas seulement la main-d'œuvre ouvrière proprement dite, mais les employés, les contremaîtres, les chefs de services, les ingénieurs, le talent, l'instruction technique à côté du travail manuel...

M. Henri Chéron. Bien entendu!

M. le rapporteur. Cette collectivité recevra, chaque année, la totalité des dividendes qui reviennent aux actions qu'elle possède, et ce groupement répartira ces dividendes entre tous les salariés, comme elle le jugera à propos, en conformité de ses statuts et des décisions de ses assemblées générales. Ces actions seront, du reste, nominatives, au nom de la coopérative, incessibles et inaliénables.

Enfin, en cas de dissolution, le capital social, après amortissement des actions de capital, sera réparti entre tous les porteurs d'actions, aussi bien d'actions de capital que d'actions de travail.

Par ces dispositions, nous organisons la participation au capital et, par suite, la participation aux bénéfices; mais la proposition de loi que nous vous soumettons ne se borne pas à organiser cette double participation; elle se propose d'atteindre un autre objectif, d'une grande portée économique et sociale, sur lequel j'appelle toute votre attention. En effet, à côté de la participation au capital et aux bénéfices, la proposition de loi prévoit la participation des salariés, de la collectivité, des salariés réunis en coopérative, de main-d'œuvre, à la gestion, à la direction des entreprises constituées en sociétés anonymes à participation ouvrière.

Enfin la loi prévoit certaines immunités fiscales en faveur des sociétés anonymes qui accepteront de prendre cette nouvelle forme de société.

Comme vous le voyez, messieurs, par ces quelques explications, le projet de loi dont il s'agit tend bien, comme je le disais au début de ce discours, à apporter une solution dans les affaires industrielles et commerciales, constituées en sociétés anonymes, au problème des conflits du travail et du capital.

Il réalise, en résumé, sous une forme particulière, la forme collective, ce que les sociologues et les économistes ont appelé « l'actionnariat ouvrier ».

Avant d'examiner la portée de cette proposition de loi, avant d'examiner ses conséquences possibles, à tous les points de vue, aussi bien pour l'activité nationale, pour l'essor des entreprises, que pour le sort de la classe ouvrière, je vous demande la permission, tout d'abord, de vous prouver, par quelques chiffres, combien il est vraiment nécessaire de chercher à mettre un terme aux conflits du capital et du travail.

Avant la guerre, ces conflits allaient, en France, constamment en augmentant en nombre et en importance. Il suffit de jeter un coup d'œil sur la statistique des grèves pour le constater; tandis que le nombre des grèves, en France, s'élevait simplement à 261 en 1892, nous voyons qu'en 1913, l'année qui a précédé la guerre, il atteignait 1073, après avoir augmenté chaque année progressivement; que ces grèves entraînaient 220,000 salariés, répartis dans 8,479 établissements, occasionnant plus de 2,200,000 journées de chômage.

Au reste, je ne prends pas ici une année choisie pour les besoins de la cause que je soutiens car, si je me reportais à l'année 1906, je constaterais que le nombre des grèves n'a pas été inférieur à 1,309, que celui des grévistes a été de 438,000 et que celui des journées de chômage a dépassé 9,500,000. Mais ce que je veux démontrer, à l'heure présente, c'est que, constamment, pendant ces vingt dernières années avant la guerre, le nombre des grèves est allé croissant d'une façon à peu près régulière : deux chiffres rapprochés l'un de l'autre vous prouveront, en remontant à une époque antérieure à 1892, combien, en soixante ans, le mal est allé s'aggravant.

Si nous prenons, en effet, les statistiques depuis 1852, nous constatons que, jusqu'à 1892, c'est-à-dire pendant une période de quarante années, le nombre des grèves a été moins considérable qu'il ne l'a été pendant les trois années qui ont précédé la guerre.

Le nombre et l'importance des grèves vont donc croissant; d'autre part, si nous considérons les industries atteintes, nous constatons que ce sont les grandes industries, comme par exemple les mines, les carrières, qui ont été particulièrement frappées.

C'est ainsi qu'en 1913, la proportion du nombre des grévistes dans l'industrie minière, par rapport au nombre total des mineurs attachés à la profession, dans toute la France, s'élève à 403 p. 1000, soit presque la moitié de l'effectif des mineurs.

Il y a donc aggravation du nombre des grèves,

et, comme je le disais, certaines grandes industries, qui sont précisément visées par notre proposition de loi, sont, en certaines années, particulièrement frappées.

Je sais bien que, si l'on compare ces chiffres avec ceux qui donnent l'ensemble de la production du pays, de toute l'activité économique de la France, ils apparaissent relativement faibles. Mais il s'agit de savoir si certaines grandes industries essentielles à la vie nationale ne sont pas exposées demain, comme elles l'ont été dans le passé, à se trouver cruellement atteintes. Il s'agit de savoir si cette aggravation peut encore s'accroître dans l'avenir. Et, comme il ne m'apparaît pas, quant à moi, tout au moins, qu'après la guerre la situation doive se trouver à cet égard modifiée, que cette aggravation constatée dans le passé ne puisse pas reprendre demain, j'estime que c'est un devoir, pour le législateur, de rechercher les moyens, sinon de supprimer, du moins d'atténuer, dans la plus large mesure possible, les conséquences de cet état de choses (*Très bien! très bien!*)

D'ailleurs, dans la situation dont nous nous plaignons, il y a ce qu'on voit, mais il faut tenir compte aussi de ce qu'on ne voit pas, et que l'on devine. A côté de cette perte subie par l'industrie nationale, par suite des rapports difficiles, de plus en plus tendus, entre le capital et le travail, et qui ont pour conséquence des pertes assez sérieuses, une autre considération doit apparaître à nos yeux.

N'est-il pas certain, en effet, que par suite de l'absence de sécurité qu'offrent les entreprises industrielles et commerciales, des capitaux ne vont pas à ces entreprises qui leur seraient apportés à coup sûr, s'il en était autrement? (*Très bien! très bien!*)

Un grand nombre de capitalistes qui apporteraient leurs capitaux à ces entreprises nécessaires à la vie nationale s'en détournent; or, nous approchons d'une époque où il sera indispensable, pour le relèvement de notre pays, de son marché intérieur, de son commerce d'exportation et afin de lui permettre d'atteindre les marchés neutres que nous voulons conquérir, d'attirer des capitaux vers l'industrie, vers le commerce, d'inciter ceux qui peuvent le faire à donner, avec leur argent, le levier indispensable à toutes les entreprises. J'estime donc qu'il y a, là encore, une considération qui doit nous obliger à nous inquiéter de créer une organisation future du travail susceptible de donner la sécurité aux entreprises et, par l'union des forces de la production, de permettre à notre pays, sur le terrain économique, de tirer tout le parti de sa victoire (*Vifs applaudissements.*)

Je sais bien que, par la loi du 27 décembre 1892, instituant la conciliation et l'arbitrage, nous avons cherché à atténuer les effets de ces grèves, des conséquences des rapports difficiles entre le capital et le travail.

Mais, il faut bien l'avouer, les résultats de l'application de cette loi ont été médiocres.

Si je prends cette année 1913, je constate que, sur 1073 grèves, 166 seulement ont donné lieu à l'arbitrage et à la conciliation. Il y a mieux. Sur ces 166 grèves, il n'y en a eu que 5 qui aient donné lieu à cet arbitrage avant que la grève ne fût déclarée; par conséquent, avant que le mal ne se soit produit.

Il est donc permis de dire que, comme remède curatif, le résultat de cette loi est médiocre, et que, comme remède préventif, il est nul.

Quels sont les motifs de la plupart de ces grèves? Presque toutes, au moins 70 à 75 p. 100, portent sur deux questions : — je les classe par ordre d'importance — questions de salaires, questions de durée du travail. Augmentation des salaires, diminution de la durée des heures de travail, telle est la formule générale au nom de laquelle, presque toujours, les ouvriers se mettent en grève.

Que les salariés, que les ouvriers aient obtenu, par les grèves, des améliorations de leur situation, cela n'est pas douteux. Mais l'industrie peut-elle toujours et pourra-t-elle indéfiniment céder devant cette formule qui consiste à demander des augmentations de salaire en même temps que des diminutions d'heures de travail? Il est à craindre que non.

Dans tous les cas, les grèves peuvent avoir, à un moment donné, des répercussions tellement graves pour la vie générale du pays et pour son développement économique, que je me préoccupe de rechercher s'il ne serait pas possible de trouver un moyen permettant de faire cesser les causes de la lutte incessante du travail et du capital.

Ces réflexions me rappellent une enquête fort intéressante qui fut faite, il y a quelques années, par un ancien président de la République Argentine, M. Pellegrini, et dont les résultats furent publiés dans la *Revue politique et parlementaire* de 1907.

M. Pellegrini était allé interviewer M. Gompers, dont on parlait tout récemment dans les journaux, à propos d'un échange de télégrammes avec les socialistes allemands. M. Gompers était alors le chef — il l'est encore, je crois — des associations ouvrières des États-Unis.

M. Pellegrini, préoccupé de trouver une solution aux conflits du travail et du capital, dit à M. Gompers : « Les résultats que vous avez obtenus sont-ils satisfaisants, et, à l'heure actuelle, la situation des ouvriers, aux États-Unis, est-elle de nature à vous donner satisfaction ? »

M. Gompers répondit que, grâce à l'organisation merveilleuse des associations ouvrières qui existe aux États-Unis, depuis cinquante ans, le sort des ouvriers, dans ce grand pays, s'était notablement amélioré; mais que la menace de grève, procédé qui avait réussi, restait au pouvoir des associations ouvrières, qui espéraient bien, à l'aide de ce moyen d'action, continuer à poursuivre utilement la réalisation de leurs desiderata jusqu'au « triomphe définitif ».

Ce dernier mot laissait rêveur M. Pellegrini, qui disait : « Qu'appelez-vous le triomphe définitif des revendications ouvrières? A quel moment se produira-t-il? Quels sont les droits dont les ouvriers veulent obtenir le triomphe, et quand ce triomphe sera-t-il définitif? »

M. Gompers fut embarrassé pour fixer un terme à cette campagne vers le triomphe définitif des revendications ouvrières. En effet, il est difficile, avec le régime du salariat, de savoir à quel moment une entente pourrait intervenir entre patrons et ouvriers, amenant enfin la paix sociale. Cherchons une formule. On a dit : « Le salaire des ouvriers doit suffire à leurs besoins ». C'est une formule vague, imprécise, qui est loin de me donner satisfaction. Les besoins de l'ouvrier sont très variables, suivant les milieux, car ce qui crée les besoins, c'est souvent la facilité avec laquelle ces besoins peuvent être satisfaits.

Parfois, enfin, les besoins de l'ouvrier changent avec le temps. La vie augmente; la vie chère accroît les besoins de l'ouvrier.

Il n'est pas douteux, enfin, que l'ouvrier peut avoir une famille qu'il doit pouvoir élever. Si ses enfants sont nombreux, les besoins deviennent considérables.

Messieurs, j'ai étudié la question de très près, parce que la commission m'avait fait l'honneur de me charger de ce rapport.

M. Henry Chéron. Je l'en ai remerciée très vivement.

M. le rapporteur. J'ai passé des mois à chercher la solution de ce problème, et je crois que la formule qui consiste à dire que le salaire doit suffire aux besoins de l'ouvrier n'est pas la formule juste, vraie, équitable. En réalité, le salaire doit être fonction de la valeur du travail, et la valeur du travail doit être fonction de ce que celui qui le vend gagne sur la vente de ce travail ou de l'objet fabriqué.

C'est parce que nous nous pénétrons de ces idées — qui ne sont pas des idées de rêveurs, d'utopistes, mais de patrons placés à la tête des grandes entreprises — que je me permets de profiter de l'occasion qui m'est offerte de les traduire à la tribune.

Nous les retrouvons notamment sous la plume d'un homme considérable dans le monde des affaires, M. Georges Perkins, qui est l'un des directeurs du trust de l'acier aux États-Unis.

Je m'excuse à l'avance, si je suis obligé de faire quelques citations (*Parlez! Parlez!*

Que dit M. Perkins?

« L'union du capital et du travail ne peut être réalisée par le payement d'un salaire. Les immenses progrès de l'instruction des masses réalisés dans un quart de siècle en Amérique, le développement de la pensée individuelle ont amené ce résultat qu'aujourd'hui, entre le capital et le travail, la question n'est plus tant de savoir le taux du salaire que l'ouvrier recevra, que si ce salaire est en proportion équitable avec les bénéfices de l'affaire. »

Ces idées se retrouvent sous la plume d'un autre homme d'affaires, qui est aussi à la tête d'une grande entreprise, M. Charles Carpenter, président de la société du gaz sud de Londres, société au capital de 210 millions, avec la participation aux bénéfices sous la forme de l'actionnariat ouvrier. M. Carpenter déclare que toute une vie passée dans l'industrie et une expérience de vingt-quatre années de pratique de l'actionnariat ouvrier l'ont convaincu fermement de la justesse des vues exprimées par M. Perkins.

Qu'a-t-on fait pour remédier aux difficultés toujours renaissantes entre le capital et le travail?

On a imaginé des systèmes. Je ne parlerai pas des associations ouvrières de production que l'on ne saurait trop encourager, dont on ne saurait dire trop de bien, mais qui, en somme, ne constituent pas, à proprement parler, un remède à la situation que je viens d'indiquer, puisque le capital et le travail y sont réunis dans les mêmes mains.

Mais prenons un autre exemple. On a beaucoup vanté un système qui apparaît, aux yeux d'un économiste des plus distingués, M. Yves Guyot, pour être la seule solution possible du problème.

Ce système, c'est la société de travail. La société de travail est une association constituée sous la forme de société anonyme, entre des ouvriers d'une même profession ou de professions similaires. Les administrateurs de la société de travail, lorsqu'une entreprise se monte, ayant besoin du concours de leur profession, vont trouver les fondateurs de cette entreprise et leur offrent de fabriquer — à un prix à débattre, qui donnera lieu à l'établissement d'un contrat — les quantités d'objets ou de produits qu'il s'agit, pour cette société anonyme, de fabriquer et de vendre.

C'est, en somme, la substitution du contrat d'ouvrage au contrat de service; c'est, si vous aimez mieux, le travail en grand aux pièces substitué au travail en détail. C'est encore le marchandage en grand, sans risque d'exploitation de l'ouvrier.

Mais est-ce une méthode qui, comme le dit M. Yves Guyot, soit le vrai et le seul remède?

J'estime, quant à moi, que ce n'est même pas une solution à la situation qu'il s'agit d'envisager et à laquelle il faut remédier. En effet, la société de travail va-t-elle rapprocher les ouvriers du patron, le capital du travail? Pas du tout. Au contraire, le fossé qui existait entre eux s'approfondira encore; le patron et les ouvriers vont s'ignorer davantage. L'ouvrier fabrique; le patron n'a qu'une chose à demander : que les produits soient fabriqués conformément au contrat et livrés au jour fixé. Du succès de l'entreprise, de son développement, l'ouvrier se soucie peu, pourvu que le patron lui paye le montant de la fourniture, en conformité du contrat. Par conséquent, il n'y a aucun rapprochement, et, à un autre point de vue, cette combinaison est des plus fâcheuses. En effet, il ne se fondera pas, dans chaque corps de métier, une seule société, mais dix, quinze, vingt. Dans toutes les professions, il se constituera ainsi un grand nombre de sociétés de travail qui iront toutes en concurrence auprès du patron, auprès des capitalistes, faire des offres.

Qu'arrivera-t-il? C'est que non seulement nous n'aurons pas comblé le fossé entre le patronat et les ouvriers, mais nous en aurons créé entre les ouvriers eux-mêmes. Nous aurons les sociétés de travail jaunes et les sociétés de travail rouges, comme nous avons les syndicats jaunes et les syndicats rouges. Nous aurons, en d'autres termes, des sociétés de travail qui travailleront, passeront des contrats avec des industriels à des prix moins élevés, à des prix plus bas que d'autres sociétés concurrentes.

La société de travail, digne néanmoins de sollicitude n'est donc pas un remède. Nous avons une autre conception du moyen d'obtenir ce rapprochement que nous voulons faire entre le capital et le travail.

M. Gide, le savant sociologue et professeur à la faculté de droit, qui a, pendant une grande partie de sa vie, étudié ces problèmes, a écrit quelque part ceci : « Quand on veut empêcher les gens de se battre, il y a deux moyens de s'y prendre : ou bien de leur persuader de s'embrasser; ou bien, au contraire, de les faire reculer à quatre pas de distance et de tracer entre eux une ligne qu'ils ne devront pas franchir ». (*Sourires.*)

La seconde partie de ce dilemme, c'est la théorie de l'effort individualiste; c'est la société de travail de M. Yves Guyot. Cette théorie n'est pas la nôtre. Nous préférons chercher à rapprocher les deux partis en présence. Nous ne prétendons pas les obliger de s'embrasser, mais nous voulons leur permettre de vivre en bonne intelligence, de s'unir, de fusionner, en quelque sorte.

Certes, si le patron et l'ouvrier qui sont en face l'un de l'autre n'intéressaient pas la vie nationale; si le développement du pays, sa richesse, son avenir, n'étaient pas liés à ces éléments indispensables de la production, je serais de l'école individualiste, j'accepterais que l'on ne s'occupât pas de leurs rapports, ainsi que certains prétendent qu'on doit le faire. (*Très bien! très bien!*) Mais, comme la réconciliation s'impose, à l'heure présente, à la veille de l'après-guerre, plus que jamais, j'estime qu'on ne parviendra à la fin de la lutte de classes qu'à la condition de rapprocher le capital et le travail.

Un homme qui s'est beaucoup occupé de ces questions, qui a écrit, à cet égard, un livre remarquable *sur les actions de travail*, livre auquel M. le président du conseil a bien voulu donner une préface, dont j'aurai tout à l'heure le plaisir de citer quelques passages, M. Antonelli, chargé de cours à la faculté de droit, a écrit ceci :

« Dans le régime capitaliste de la grande industrie, l'ouvrier voit se creuser de plus en plus le fossé qui socialement le sépare de la classe patronale. L'ouvrier prend de plus en plus ce qu'on appelle une conscience de classe, il acquiert des mœurs, des besoins, des sentiments de classe... D'autre part, en même temps que l'ouvrier se détache de la classe patronale, il se détache de l'entreprise à laquelle il donne son travail, de l'usine, de l'instrument de production; il devient une sorte de machine passive, dont toute la vie humaine est ailleurs, hors de l'usine, dans un milieu social de plus en plus indépendant, fermé. »

Qui ne voit, messieurs, les conséquences funestes de cet état de choses? Comme le pense encore M. Antonelli, les régimes de castes, de classes fermées deviennent rapidement des régimes de civilisation stationnaire et toute civilisation commerciale qui veut demeurer ou devenir progressive doit multiplier ce que l'on peut appeler les ponts nécessaires avec les classes. D'autre part, « l'indifférence chaque jour plus marquée de l'ouvrier pour l'instrument de production, pour l'usine elle-même, supprime un des éléments les plus puissants de l'activité humaine. C'est par la communion incessante de l'homme et des choses, du paysan et de sa terre, de l'ouvrier et de son outil, du soldat et de son arme, que l'homme trouve à deverser, dans la tâche quotidienne, ce besoin d'affectivité, sans laquelle la vie n'est plus qu'une triste et pénible marche au néant ».

Ainsi, chaque jour, l'indifférence de l'ouvrier pour l'usine s'accroît. Cet ouvrier n'a aucun intérêt économique à défendre : n'ayant que son salaire, il ne voit que lui, et, par suite, il est facilement la proie de ceux qui l'excitent à demander des augmentations perpétuelles de salaire, et, en même temps, des diminutions de la durée de travail.

Au contraire, le jour où l'on sera parvenu à donner à cet ouvrier un intérêt autre que l'intérêt social, un intérêt économique (*Très bien! très bien!*); le jour où on l'aura associé à l'usine, où on lui aura démontré que, s'il est indispensable pour lui de s'associer au capital, le capital doit aussi, de toute nécessité, s'associer à lui; le jour où il aura un patrimoine à gérer, par suite de la participation qu'on lui aura donnée, la mentalité ouvrière se modifiera, et nous pourrons réaliser la paix sociale. (*Applaudissements.*)

Messieurs, depuis de longues années, en France comme à l'étranger, on a tout de même trouvé un moyen, imparfait, sans doute, mais qui contenait cependant, dans son principe, la base de tous les projets pouvant permettre d'arriver à une solution méthodique et logique de la question : c'est la participation aux bénéfices. Cette mesure a été appliquée en France depuis soixante-dix à quatre-vingts ans. Elle l'a été en Angleterre, dans presque tous les pays d'Europe, en Amérique. Mais, chose curieuse, elle n'a jamais eu une législation : il n'y a jamais eu de texte de loi pour régler les droits des patrons et ceux des ouvriers.

M. Henry Chéron. C'est exact.

M. le rapporteur. Maintes fois, à la Chambre des députés, des propositions de loi ont été déposées, par MM. Tournade et Ballande, pour ne citer que ceux-là, tendant à régler les rapports existant entre les ouvriers et les patrons dans la participation aux bénéfices, mais jamais elles ne sont venues en discussion.

Un de nos plus éminents collègues, l'honorable M. Doumer, alors qu'il était député, n'a pas déposé moins de cinq rapports sur la question de la participation aux bénéfices.

Seulement, les textes qu'il proposait se trouvaient inclus dans des projets plus vastes, qui visaient en même temps la coopération, les coopératives de consommation, etc., projets qui ont eu des sorts divers et parfois malheureux, et, alors qu'on repoussait l'ensemble du projet, il ne s'est jamais trouvé personne pour reprendre les quelques articles qui visaient simplement la participation aux bénéfices.

Jusqu'à présent, cette participation aux bénéfices n'a donc jamais été réglée par un texte permettant à chacun de voir dans quelles limites il pouvait exercer ses devoirs et ses droits.

Cela est d'autant plus fâcheux, que c'est une des causes pour lesquelles la participation aux bénéfices n'a pas donné tous les résultats qu'on pouvait en attendre. Cependant, elle renferme un principe excellent, qui a, d'ailleurs, je le reconnais, dans quelques cas, donné des résultats remarquables.

M. Paul Doumer, que je citais tout à l'heure, s'est expliqué, à cet égard, en termes trop précis et trop justes pour que je ne me permette pas encore une citation. Dans un de ses derniers rapports, qui date de 1904, M. Paul Doumer disait ceci :

« Ce qui ne saurait subsister, c'est le traitement fait à l'ouvrier dans les conditions nouvelles de la production. Que l'établissement dans lequel il est employé soit la propriété d'un patron ou de capitalistes anonymes, la situation de l'ouvrier est la même : il reçoit un salaire fixe, compris dans les frais généraux de la maison, comme les dépenses de fonctionnement des machines. De celles-ci, même, on a plus de souci; on les surveille, on les ménage, on s'occupe de les amortir. L'outillage humain paraît moins précieux; il peut être surmené, usé avant le temps; son amortissement ne coûte rien à qui l'emploie. La société seule perd une partie de ses forces productives à une pareille manière d'agir; et le travailleur manuel a pour perspective la misère, après une existence de labeur fructueux pour d'autres que pour lui. Le salaire est l'unique lien qui l'attache à l'entreprise. Si elle périclite, il s'en ressent plus que quiconque, car c'est pour lui le chômage avec ses terribles conséquences; si elle prospère, il n'a aucune part dans les profits qui en résultent.

« Cela n'est assurément pas juste; ce n'est pas bon non plus.

« Comment croire, en effet, que, si l'ouvrier, le producteur direct, est désintéressé des résultats de la production, il lui donnera toute son intelligence, toute son habileté, tout son courage? La discipline et le sentiment du devoir lui feront accomplir sa tâche quotidienne. Avec combien plus de cœur et combien plus de fruit il l'accomplirait si le stimulant de l'intérêt venait s'y joindre!

« C'est ce que les industriels qui ont fait participer aux bénéfices le personnel de leur maison ont très heureusement compris. Ils se montraient justes, et, en même temps, ils étaient habiles. Les ouvriers voyaient leur gain accru en proportion de leurs efforts, et le patron obtenait des bénéfices plus considérables. C'est ce qui faisait dire à l'un d'eux qu'on félicitait d'avoir établi chez lui la participation : « Je ne sais pas, répondait-il, si j'ai fait une bonne action; je sais, en tout cas, que j'ai fait une bonne affaire. »

Cette citation de M. Doumer démontre, plus que tous les discours que je pourrais faire, que la participation aux bénéfices était, en effet, et elle l'a prouvé dans certains cas, un principe excellent, mais que, malheureusement, aucun texte de loi n'est venu l'encourager, ni surtout préciser les bases sur lesquelles il serait préférable de l'instituer.

On a fait la participation aux bénéfices sous des formes tout à fait distinctes, mais, malgré tout, la participation aux bénéfices pure et simple ne peut, à l'heure présente, nous apparaître comme la panacée que nous cherchons. Elle a de graves défauts : d'abord celui d'être, en quelque sorte, un acte de générosité, de philanthropie, que les ouvriers considèrent rapidement comme un acte de charité de la part du patron. En somme, cette participation aux bénéfices est viciée par le principe de paternalisme qui est à sa base.

D'autre part, les patrons qui ont pratiqué la participation aux bénéfices n'en ont fait profiter qu'une partie des salariés de l'usine, de telle sorte que les ouvriers se sont vu diviser en deux catégories différentes : ceux qui participent aux bénéfices et ceux qui n'y participent pas. Il en est résulté un antagonisme entre eux. Pour cette raison, et rien que pour cette raison, dans quelques entreprises, les ouvriers eux-mêmes ont demandé à leurs patrons de renoncer à la participation aux bénéfices. Mais la participation aux bénéfices pure et simple a un grave inconvénient, c'est qu'elle ne donne pas aux salariés une participation dans la gestion des affaires, et ainsi cet intérêt économique dont je parlais tout à l'heure, facteur indispensable à la solution de la question, n'existe pas avec la participation aux bénéfices pure et simple. (*Très bien !*)

Il faut donc chercher autre chose.

Je sais bien qu'on peut concevoir la participation aux bénéfices comme le moyen d'arriver à l'action de travail, et, en effet, nous verrons, dans un instant, qu'en Angleterre, la plupart des sociétés qui ont admis la participation aux bénéfices sont arrivées ensuite à l'actionnariat ouvrier, qu'elles ont commencé par la participation pure et simple avant d'arriver à l'actionnariat. C'est ainsi, du reste, que tout d'abord on a songé à créer la participation au capital, par une participation préalable aux bénéfices.

Déjà, en 1894, un homme d'État aux larges vues, M. René Goblet, dans un discours qu'il prononçait à la Chambre, disait :

« Il nous sera possible, un jour, de voir, l'ouvrier devenir copropriétaire de l'usine, en obtenant, au moyen de ce supplément de salaire, que lui procurera la participation, une part en actions ou en obligations dans l'industrie à laquelle il est attaché. »

Et depuis cette époque, allant plus loin, des hommes d'État, comme M. Millerand, comme M. Viviani, que je suis heureux de voir à son banc, comme M. Ribot, ont préconisé l'actionnariat ouvrier par la création d'actions gratuites de travail.

Si mes souvenirs étaient suffisamment précis — je n'ai pas apporté ici cette citation — je rapporterais les termes essentiels d'un discours prononcé dans un congrès de mineurs par l'honorable M. Viviani. M. Viviani disait que, dans les usines, dans les mines, l'organisation de l'actionnariat collectif était la véritable solution à toutes les difficultés qui étaient survenues dans le passé entre les ouvriers et les patrons.

M. Ribot, au moment de la discussion de la loi sur les retraites ouvrières, disait, au Sénat, en 1910 :

« On parle, et on a raison de le faire, de bénéfices partagés, d'actions de travail et d'actions de capital. On cherche, et c'est difficile, le moyen d'associer ainsi plus intimement le capital et le travail et de donner aux ouvriers le sentiment des difficultés d'une administration et de la nécessité pour eux de ne pas lui créer trop d'embarras et de se prêter à une collaboration sincère. Ce ne sont pas là des utopies et des chimères. Si nous ne faisons rien dans ce sens, nous allons, il faut le dire, à des conflits inévitables. »

Telle est l'opinion de M. Ribot, et je me permets de me placer sous l'autorité de ces paroles pour appuyer, avec plus de force encore, avec plus de certitude d'être dans le vrai, la proposition que nous vous soumettons.

Quelques mois plus tard, l'honorable M. Briand, président du conseil, déclarait, à Saint-Chamond :

« Il faut que la prochaine législature envisage d'une manière résolue la participation des travailleurs aux bénéfices des industries. Il faut qu'une législation s'élabore qui n'imposera pas de contrainte, mais qui fournira aux travailleurs et aux capitalistes le moyen de constituer des associations basées sur des actions argent et des actions travail. »

En 1912, M. Briand précisait davantage encore sa pensée dans la belle préface qu'il écrivait à un ouvrage de M. Étienne Antonelli, chargé de cours à la faculté de droit, dont j'aurai occasion de parler de nouveau plus loin : « Après avoir établi le statut juridique qu'a rendu nécessaire l'éclosion du monde ouvrier à la vie syndicale, le législateur se doit de donner un aliment à cette activité nouvelle. Or, ce n'est que dans l'administration et la gestion des grands intérêts économiques que les travailleurs organisés trouveront l'emploi logique d'une vitalité qui risque de s'étioler en se confinant dans la seule défense des intérêts corporatifs ou de se dépenser sans profit positif en des manifestations bruyantes et stériles. Mais il importe de ne confier que progressivement et avec précaution des intérêts par essence même complexes et délicats à des travailleurs dont l'éducation économique est encore imparfaite.

« On doit, d'autre part, faire confiance aux chefs d'entreprise. Les conditions mêmes d'une concurrence commerciale intensifiée rendent chaque jour plus évident l'avantage qu'ils trouveraient à ce que les ouvriers cessent d'être désintéressés du sort et des résultats de l'entreprise et soient, au contraire, incités à donner à leur travail son maximum de rendement en quantité et en qualité.

« La législation, s'inspirant de ces considérations, doit donc fournir aux travailleurs et aux capitalistes, sans leur imposer aucune contrainte, le moyen de constituer des associations juridiques qui assureront dans la liberté des conventions, la participation des travailleurs et des capitalistes à la gestion et aux bénéfices des entreprises. » (*Très bien! très bien!*)

C'est inspiré par ces mêmes sentiments que l'honorable M. Chéron, en 1913, étant ministre du travail, déposait déjà, sous forme de projet de loi, le texte dont vous êtes saisis aujourd'hui, sous forme de proposition de loi, par notre excellent collègue. (*Très bien! très bien!*)

Ces problèmes inquiétaient déjà des hommes comme M. Briand avant la guerre : je suis heureux de voir qu'il a bien voulu venir au Sénat à l'occasion de cette discussion (*Très bien!*), prouvant ainsi combien il continue plus que jamais à s'intéresser à ces questions. Plus que jamais, l'honorable M. Briand doit être préoccupé de ces problèmes, parce que, s'ils se sont posés avec acuité avant la guerre, ils réclameront, au lendemain de la guerre, une solution encore plus urgente, plus rapide et plus complète. (*Très bien!*)

Cela est si exact, qu'il y a quelques jours, le journal le *Temps* écrivait un article dont je me permets de vous citer quelques lignes :

« On ne saurait trop insister, dès à présent, sur l'importance des problèmes économiques qui se poseront à la fin des hostilités. Les rapports entre le capital et le travail, notamment, devront être établis de manière à ne faire supporter au développement industriel, commercial et agricole de notre pays aucun arrêt, et si cela est possible, aucun retard. La tâche doit-être rendue plus facile par la faillite du marxisme, dont l'influence ne survivra pas la guerre actuelle. » (*Très bien!*)

Le *Temps*, analysant dans ce même article, une étude d'un homme considérable, au point de vue industriel, sir John Pilter, président honoraire de la chambre de commerce britannique à Paris, sur les « Combinaisons des intérêts du capital et de la main-d'œuvre », empruntait à M. Pilter une phrase que je tiens à rapporter ici.

Parlant de la situation au lendemain de la guerre et de la possibilité de réaliser l'accord entre le capital et le travail, sir John Pilter dit :

« Le souvenir des épreuves endurées côte à côte dans les tranchées va désormais exercer une action forte et durable sur les rapports entre patrons et ouvriers, que cette existence en commun a rapprochés et révélés à eux-mêmes. C'est une raison de plus pour que les bonnes volontés ainsi créées trouvent à s'exercer sans retard, aussitôt la guerre terminée, et ne soient pas détournées par de vaines agitations ou découragées par des applications maladroites. »

Et je retrouvais là, au mois de janvier de cette année, sous la plume de Sir John Pilter, exprimée sous une autre forme, la pensée que, quatre mois auparavant, j'avais exprimée dans le rapport que vous avez eu sous les yeux. Je disais, en effet :

« Au lendemain du jour où toutes les classes de la société ont oublié leurs anciennes divisions et se sont rapprochées et unies dans les tranchées pour la défense et le triomphe de la nation, il faut que, brisant les anciens et faux préjugés, employeurs et salariés se rapprochent et s'unissent dans un geste non moins grand pour assurer demain la victoire économique de la France. » (*Très bien! très bien!*)

Et j'ai lu avec d'autant plus d'intérêt le travail de Sir John Pilter que j'ai trouvé, sous la plume de cet industriel qui a derrière lui une longue existence de pratique, des conseils pour les capitalistes comme pour les ouvriers, conseils que l'on pourraient appeler les commandements de l'ouvrier et du capitaliste.

Se tournant vers l'ouvrier, Sir John Pilter pose quelques préceptes :

« Sans capital, la main-d'œuvre est impuissante. Le capital seul peut fournir les matières premières et l'outillage et assurer le renouvellement, selon les lois du progrès, du matériel et des installations. Il faut que l'ouvrier apprenne à voir dans le capitaliste un auxiliaire nécessaire et un ami. L'ouvrier doit penser par lui-même, se faire une opinion directe et se méfier des agitateurs professionnels, intéressés à ne montrer jamais qu'un seul côté des choses. »

Et se tournant ensuite vers les capitalistes, voici ce que dit sir John Pilter :

« Seule, la main-d'œuvre est à même d'éliminer les pertes de matières et de temps; de prendre soin des machines; d'augmenter la qualité des produits; d'assurer des prix de revient peu élevés; de constituer enfin pour le capital la meilleure garantie de prospérité et de sécurité. La participation aux bénéfices détermine ces résultats. »

La participation aux bénéfices peut, seule, si elle est, bien entendu modifiée et améliorée comme nous le proposons, donner de pareils résultats.

Et quelle était la conclusion du journal le *Temps*?

« Ainsi, à l'idée de la lutte des classes, la logique des événements substitue celle de l'union du capital et du travail. Elle est certes loin d'être nouvelle; mais il faut que, grandissant sur les ruines du marxisme allemand, elle inspire tous les programmes d'action, détermine toutes les réformes pratiques, préside à toutes les entreprises. La paix sociale en Europe est à ce prix. »

Je crois que ces idées sont justes. Et la meilleure preuve qu'elles le sont, c'est qu'il y a quelque temps le ministre du travail en Angleterre, M. Hodge, tenait aux ouvriers un langage semblable.

Une dépêche publiée par l'*Information* du 26 janvier disait que M. Hodge, ministre du travail, avait annoncé, la veille, à la réunion de la Ligue nationale des ouvriers, la création d'une association de patrons qui s'occupera des questions concernant les rapports du capital et du travail.

Déjà quatre ou cinq cents comités locaux sont formés, et « cette grande alliance patronale » — proclamait M. Hodge — « désire que le travail coopère avec elle dans l'avenir, car, si la lutte entre le capital et le travail devait recommencer, nous serions en infériorité marquée sur tous les marchés neutres du monde. »

Et M. Hodge ajoutait : « Cette combinaison de patrons et d'ouvriers a également pour but d'éviter les grèves et les lock-out pendant la période de reconstitution qui suivra la signature de la paix ».

Les Anglais, en gens pratiques, en commerçants, en industriels avisés — nous verrons, tout à l'heure, qu'il y a longtemps qu'ils l'ont prouvé dans cette question de la participation aux bénéfices, puisqu'ils en ont été les promoteurs, puisque ce sont eux qui, les premiers ont réalisé l'actionnariat ouvrier — les Anglais, dis-je, se préoccupent donc, à l'heure présente, de savoir comment en vue de la guerre économique de demain, il est possible de mettre un terme à ces difficultés qui existent entre le capital et le travail.

D'autre part, au dernier congrès des trade-unions, qui s'est tenu au mois de septembre à Birmingham, dès la séance d'ouverture, le problème a été soulevé par M. Grosling, président du congrès, et par M. Neville-Chamberlain, lord-maire de Birmingham. Le *Times* a défini leurs vues en les résumant dans cette formule : « une tendance à la paix sociale par l'accord industriel »; et une Revue française, l'*Opinion*, a donné une analyse des idées de M. Grosling et de celles du lord-maire de Birmingham, qui prouve que cette question : « Quels seront, après la guerre, les rapports entre ouvriers et patrons? » posée devant ce congrès, a amené le délégué des trade-unions à envisager la possibilité d'établir un accord sur des bases analogues à celles sur lesquelles repose notre proposition de loi.

« Avant la guerre, a dit M. Gosling, le travail et le capital vivaient sous le régime de la « paix armée »; dans l'usine régnait une hostilité latente. L'expérience a montré que la solidarité nationale, qui a remplacé la lutte de classes, a permis d'obtenir le maximum de rendement dans les usines de guerre ».

Et M. Gosling a conclu en demandant que les ouvriers prennent part à l'administration des usines.

De son côté, le lord-maire de Birmingham a déclaré :

« Si les ouvriers étaient admis parfois aux conseils de leurs patrons, ils apporteraient à ceux qui les emploient une volonté meilleure de labeur utile efficace, un dévouement plus entier au succès de l'œuvre commune, une résolution d'accroître et non de diminuer la production. Leur action corporative s'inquiéterait de ne pas jeter le trouble dans les projets à longue échéance établis par leur chef... »

Cette idée préoccupe tellement tous les pays industriels que, quelques mois avant la guerre, en Belgique, une proposition de loi avait été déposée en vue d'organiser l'union entre le capital et le travail, sous la forme de l'actionnariat ouvrier.

Ainsi, quand nous vous proposons d'ajouter une forme nouvelle de société aux cinq formes déjà prévues par le code de commerce, nous vous demandons de faire ce qui a déjà été fait ailleurs sous des formes plus ou moins analogues, soit dans la pratique, soit dans les lois; car, je le démontrerai tout à l'heure, on a déjà légiféré sur ce point en Angleterre.

Je sais bien qu'on peut arriver à faire des ouvriers des actionnaires dans une entreprise. Il y a eu en France des tentatives de ce genre. On peut même faire acheter des actions aux ouvriers, cela s'est fait notamment aux usines Japy, aux usines de Montigné près Laval. De même, à l'étranger, le trust de l'acier donne toutes facilités aux ouvriers pour acheter des actions. Ces actions sont de prix peu élevé et on permet à l'ouvrier de se libérer par des payements mensuels calculés de telle sorte qu'à la fin de l'année il ait payé la totalité de ce qu'il devait pour obtenir une action.

Mais, en vérité, ne voyez-vous pas ce qu'il y a d'extraordinaire dans une combinaison, dans un remède, qui se réalise, en demandant de l'argent à celui-là même qui se plaint ne pas en recevoir assez.

Et puis, messieurs, si on met à la disposition des ouvriers les actions d'une entreprise, si on les distribue à tous les ouvriers, alors le capital va s'accroître indéfiniment.

Devant cette impossibilité, on est obligé de faire une sélection, de ne remettre ces actions qu'à un certain nombre et on retombe dans l'écueil que j'ai déjà signalé : à côté d'une catégorie d'ouvriers qui est intéressée dans l'affaire par les actions qu'elle possède, ou crée une autre catégorie d'ouvriers qui n'a pu en obtenir. Sans compter que cette distinction s'établit d'elle-même par le fait que ceux qui n'ont pas de famille et ne dépensent pas beaucoup peuvent économiser, acheter des actions et que ceux, au contraire, qui sont les plus intéressants, qui ont une famille nombreuse, ne peuvent en acquérir. (*Très bien ! très bien !*)

Ce système a pu réussir dans des cas particuliers ou bien dans des cas où il y a eu à la base un grand geste généreux, et vous voyez à quels exemples classiques je fais allusion, dans notre pays ; mais c'est un système que nous sommes obligés d'écarter.

Il en est un autre, très pratique celui-là, qui a donné d'excellents résultats, mais qui n'a pas besoin de loi pour sa réalisation. Il consiste à faire la participation aux bénéfices pure et simple, à dire aux ouvriers : « Nous vous donnons chaque année une prime, un boni, une part de bénéfice, mais nous vous en retenons une partie que nous convertirons en actions. »

Ce système, messieurs, a été appliqué par la maison Laroche-Joubert, près d'Angoulême, et aujourd'hui, cette maison, qui existe depuis plus d'un demi-siècle, voit ses ouvriers posséder une partie des actions. On peut même dire que le capital social est entre les mains, pour moitié, de son personnel ou de son ancien personnel.

En Angleterre, ce système s'est répandu d'une façon fantastique. La Copartnership Association a essayé, par une propagande active, de déterminer, depuis quinze années, un courant en sa faveur. C'est ainsi que, avant la guerre, 140 maisons anglaises, faisant plusieurs centaines de millions d'affaires par an, qui avaient d'abord constitué la participation aux bénéfices, ont été plus tard amenées à l'actionnariat ouvrier.

Je puis vous donner des chiffres exacts : 110.000 ouvriers étaient porteurs d'actions de ces entreprises en 1913.

Une société, la compagnie métropolitaine du gaz du sud de Londres, en 1880, pour faire cesser les grèves, s'est mise à pratiquer la participation aux bénéfices : les grèves n'ont pas cessé. Cela prouve que la participation pure et simple aux bénéfices est un moyen insuffisant. Qu'a fait alors cette société ? En 1894, elle a décidé de donner des actions aux ouvriers en leur retenant, pour ces achats, une partie de la participation et, en 1897, elle a obtenu du Parlement anglais une modification de la législation permettant de faire entrer les ouvriers dans le conseil d'administration. Elle a ainsi admis trois de ses salariés dans le conseil, un nombre bien supérieur à celui qui correspondait au capital possédé par les ouvriers de cette grande entreprise. A partir de ce moment, il n'y eut plus une seule grève. (*Très bien ! très bien !*)

Parlant de cette société, M. Corbiau, professeur à la faculté de Louvain, a écrit :

« La moyenne des parts de capital possédées par les ouvriers n'était guère (il y a quelques années) que de 50 livres sterling par tête et cependant telle est la force du sentiment de copropriété qu'entre les deux facteurs de la production des liens de solidarité profonde se sont noués. Il y a là un fait qu'il est impossible de ne pas reconnaître et qui trouve son expression caractéristique dans cette réponse, aux meneurs socialistes, d'un mécanicien modeste possesseur de deux actions de 5 livres : Je ne peux cependant pas me mettre en grève contre moi-même. » C'est qu'à côté et au-dessus des revenus annuels, l'ouvrier sait qu'en cas de liquidation, il aurait sa part de l'actif ; il contribue par l'intermédiaire de ses représentants, à la gestion journalière de l'entreprise. C'est par là que l'affaire devient son affaire. Cette évolution de la mentalité ouvrière par la copartnership a été constatée par tous les observateurs impartiaux et c'est un adversaire de l'actionnariat ouvrier — M. Germain Martin — qui le reconnaît : « La prospérité du système est accusée à ce point que les travailleurs s'intéressent aux accroissements de dividendes. »

Ainsi donc, voilà des ouvriers actionnaires. De combien étaient-ils porteurs, ces ouvriers? De quelques actions qui pouvaient représenter un capital de cinq ou six livres sterling. Quelques-uns avaient un peu plus, mais c'étaient précisément ceux qui en avaient le moins qui tenaient davantage à ce papier qui représentait pour eux, non pas seulement le dividende futur, mais la part sur le capital soeial, qui en cas de dissolution, leur reviendrait en partie. (*Applaudissements.*)

Voyez, messieurs, les résultats remarquables qui ont été obtenus... C'est intéressant à noter en passant, en réponse à une objection qui a été faite contre l'actionnariat ouvrier.

On a dit : « C'est une charge trop lourde pour le capitalisme que d'abandonner ainsi une part d'actions gratuites remises aux ouvrières, au personnel salarié ». Dans cette grande société du gaz du sud de Londres, les bénéfices se sont accrus alors qu'on distribuait cependant chaque année plus d'un million de francs de dividende au personnel.

Pourquoi ces bénéfices se sont-ils accrus? Parce que le rendement de l'affaire s'est augmenté dans des proportions considérables, dans la proportion de plus de 17 0/0, ce qui explique qu'on a pu donner ces dividendes sans cependant voir diminuer, bien au contraire, les revenus qui allaient aux capitalistes.

L'exemple a été tellement démonstratif que toutes les sociétés du gaz de Londres, et elles sont au nombre de trente et une ayant un capital total de plus de 1.250.000 fr., l'ont suivi.

Il est un fait qui résulte de cette combinaison sur lequel il faut également que nous nous arrêtions. Non seulement le rendement de l'entreprise s'est accru, permettant de distribuer aux ouvriers une part considérable, puisque 1 million a été réparti en une année aux salariés, mais en outre le prix du produit fabriqué, du gaz, a diminué dans une notable proportion. (*Applaudissements*).

Ces résultats sont tellement significatifs que le président du conseil d'administration du gaz du Sud de Londres écrivait il y a quelques années :

« Je peux certifier que ce régime a fait un bien incalculable dans notre grande entreprise et qu'il contient d'immenses possibilités de progrès pour toutes les entreprises. »

Un autre président du conseil d'administration de cette même société écrivait, l'année suivante :

« Ce régime s'est montré également avantageux au point de vue pécuniaire et au point de vue moral, aussi bien pour la compagnie que pour ses employés. »

Enfin il y a un autre système, c'est le nôtre : la remise gratuite des actions aux ouvriers dès le début, au lieu de leur faire acquérir ces actions par une participation préalable aux bénéfices.

« Je le répète, c'est ce que prévoit la proposition de loi de M. Henry Chéron, ce système a déjà été appliqué par une grande entreprise que j'ai vue signalée par M. Briand lui-même dans une note des plus intéressantes sur la question, par la maison Lever qui fabrique les savons de Port-Sunlight. Cette maison arrive à distribuer, elle aussi plus d'un million de dividende à ses ouvriers. L'exemple de cette maison est d'autant plus à signaler qu'il y a deux mois, ayant écrit au directeur de cette entreprise pour savoir si, depuis le début de la guerre on était satisfait de la façon dont fonctionnait l'actionnariat ouvrier, le directeur me répondit qu'il en était enchanté, aujourd'hui plus que jamais.

Mais cet actionnariat, tel qu'il a été conçu dans toutes les entreprises que j'ai citées, c'est l'actionnariat individuel. A la maison Lever, peut-être y a-t-il un système mixte. Mais, d'une façon générale, c'est l'actionnariat individuel. On donne des actions à chaque ouvrier. C'est le patron qui choisit, qui désigne les ouvriers, ou bien ce sont des intermédiaires qu'on appelle en Angleterre des *trustees*, des hommes de confiance, des mandataires.

Mais ce système de l'actionnariat individuel présente d'abord, il faut le dire, un défaut : c'est qu'il ne résout pas le problème comme nous voulons qu'il soit résolu. Un problème social n'est pas un problème individuel. Nous nous trouvons en présence d'un problème social et nous ne pouvons le résoudre qu'en tenant compte des conceptions, des aspirations de la classe ouvrière.

Or, si nous tenons compte de la mentalité ouvrière et de son bel esprit de solidarité, nous voyons que ce qu'elle entend améliorer, c'est le travail en général et non pas le sort de quelques individualités. Dans une usine, l'ensemble du personnel doit nous apparaître comme un groupement uni — ne l'est-il pas quand il se met en grève? — duquel l'actionnariat ouvrier ne sera bien accueilli que s'il est collectif.

Et il faut que ce soit le travail qui répartisse ensuite les dividendes entre toutes les unités, entre tous les collaborateurs de l'entreprise.

Voilà pourquoi l'actionnariat individuel ne peut pas être accepté. L'actionnariat exige aussi une autre condition pour être réalisé : l'action ne peut pas être perpétuelle. Vous ne pouvez pas donner indéfiniment la propriété de l'action à la collectivité ou à l'individu. Vous ne pouvez pas admettre que l'ouvrier quittant l'usine demeure propriétaire de son action. Vous ne pouvez pas admettre, comme on l'a dit, qu'un lambeau de cette propriété commune s'en aille au dehors toute les fois que l'ouvrier part.

M. Henry Chéron. C'est la vérité!

M. le rapporteur. Quand l'ouvrier part, il est remplacé par un autre; de même qu'au régiment, suivant une heureuse image de M. Gide, lorsqu'un soldat arrive, il prend un fusil, et il quitte ce fusil en s'en allant et le passe à celui qui le remplace, la même chose se passe dans cette organisation de l'armée du travail : il faut que l'action soit temporaire.

C'est pour cela que, dans notre projet, vous constaterez, en le lisant avec quelque attention, que nous avons admis l'actionnariat collectif, d'une part, et décidé, d'autre part, que les actions étaient nominatives, inaliénables et incessibles, au nom de la coopérative de main-d'œuvre, st que, lorsque l'ouvrier s'en va, il perd ses droits aux dividendes sauf des cas exceptionnels, pour les anciens participants partis pour cause de vieillesse ou de maladie. L'ouvrier qui part de son plein gré ou qui est renvoyée ne conserve plus aucun droit sur l'actif social en cas de dissolution.

Je crois avoir à peu près exposé le projet, et indiqué les raisons pour lesquelles nous vous demandons de le voter.

Il y a quelques objections qu'il me paraît nécessaire de signaler. (*Parlez! parlez!*)

Il est nécessaire que ce projet, si vous l'adoptez, aille à la Chambre des députés, après avoir été précédé d'une discussion un peu complète. Il faut que les objections qu'il ne manquera pas de soulever aient déjà, par avance, reçu ici une réponse.

Il y a des objections d'autant plus à retenir, qu'elles émanent de groupements d'une grande importance.

La chambre de commerce de Paris, lorsque la proposition de M. Chéron eut été déposée, avant le dépôt de mon rapport, a formulé des objections. Elles ne les auraient peut-être pas formulées, après avoir pris connaissance de ce rapport. Mais toutes les objections venant d'une assemblée de cette importance, animée du vif désir de voir cesser ces difficultés, qui pèsent aussi bien au capital qu'au travail, sont à retenir.

La chambre de commerce de Paris a dit : « Il sera bien difficile, pour la société qui se constitue, d'apprécier à l'avance la valeur du travail et, par conséquent, le nombre d'actions de travail que l'on peut abandonner au personnel attaché à l'entreprise. Il serait vraiment fâcheux de supposer qu'on lance dans ce pays des affaires industrielles et commerciales sans savoir ce que produiront les ouvriers qu'on attachera à l'usine, le nombre des ouvriers nécessaires pour le but à atteindre, le travail de chacun, le rendement total de l'ensemble de la main d'œuvre. » Je plaindrais les actionnaires, si on leur prenait leurs capitaux pour des entreprises dont on n'a pas pu calculer — je ne dis pas exactement, mais approximativement — ce que représente le travail, ce que produira l'ensemble des employés et ouvriers attachés à l'œuvre et les bénéfices probables de celle-ci.

D'ailleurs, on n'a qu'à être prudent. Admettons que l'objection soit fondée : on n'a qu'à donner au début un nombre d'actions très modeste. Ce qui nous intéresse, c'est le principe. Nous avons foi dans la bonté de la conception que nous exposons. Mais nous n'interdisons pas, au contraire, aux capitalistes d'être prudents au début.

Nous dirons donc aux capitalistes : « Donnez en actions de travail le moins possible; plus tard, vous accroîtrez le nombre des actions de travail. Vous y serez d'ailleurs obligés, si vous augmentez le personnel et si, à un moment donné, la part que vous aviez entendu donner à chacun s'en trouve trop diminuée. »

La chambre de commerce de Paris déclare : « Nous sommes partisans de la vieille participation aux bénéfices; mais nous craignons qu'avec votre système la charge ne soit trop considérable pour le capitaliste. »

Or quelle différence y a-t-il, au point de vue des charges, pour le capitaliste, entre la participation aux bénéfices pure et simple, où l'on donne tant pour cent des bénéfices, et la charge créée par les actions de travail? J'avoue que je n'en vois pas. Avec la participation aux bénéfices, nous avons vu des maisons qui ont donné jusqu'à 60 p. 100 de bénéfices aux ouvriers et employés attachés à l'entreprise.

Or, que demandons-nous, pour commencer aux capitalistes qui voudront bien adopter ce système? Nous ne leur demandons pas de donner une participation aussi lourde. C'est à eux, au surplus, d'évaluer le nombre d'actions de travail qu'ils peuvent créer : elles ne seront peut-être que le dixième ou le cinquième du capital total. Nous voilà donc loin des 60 p. 100 que certaines maisons ont consentis avec la simple participation aux bénéfices que la chambre de commerce de Paris approuve cependant entièrement.

On a dit également : « Nous redoutons l'obligation ».

Messieurs, votre commission repousse l'obligation, et la loi n'impose rien. Dans l'esprit de l'auteur de la proposition, du rapporteur et de la commission elle-même, l'obligation n'est pas possible, pour bien des raisons, sur lesquelles, de crainte d'être trop long, je ne veux pas insister.

D'abord, parce que nous estimons qu'il y a certaines industries, certaines entreprises, constituées en sociétés anonymes, qui peuvent préférer d'autres systèmes à l'actionnariat ouvrier. L'actionnariat individuel même, dans certains cas, pourra être expérimenté; ailleurs, la vieille participation sera peut-être préférable.

Nous ne voulons pas, non plus, de l'obligation parce qu'on trouverait le moyen de s'y dérober.

On prendrait, par exemple, la forme de la société en commandite par actions.

Enfin, j'estime personnellement, et mes collègues de la commission sont, je pense, de cet avis, qu'il s'agit de faire ici une sorte d'expérience sociale, de faire de la politique expérimentale, ce que nous n'avons pas suffisamment pratiqué dans ce pays. Il faut, quand on le peut, avant de légiférer, essayer de faire pénétrer dans les mœurs, dans les habitudes, certaines idées, certains principes, et de les faire appliquer. C'est à la lumière de l'expérience et des résultats obtenus que l'on pourra constater si l'obligation est utile, nécessaire, pour le bien du pays, pour l'obtention de la paix sociale que nous rêvons. (*Vifs applaudissements.*)

Voilà pourquoi nous repoussons l'obligation. Ne pas être partisan de notre loi, parce que l'on redoute l'obligation qu'elle ne prévoit pas, c'est nous faire un procès de tendance. Si, à un moment donné, nos successeurs — dans un nombre d'années indéterminé — venaient à décider l'obligation, c'est précisément parce que l'expérience aurait tellement prouvé la bonté et la valeur du système que la chambre de commerce de l'époque, j'en suis sûr, ne s'opposerait plus à l'obligation.

M. Hervey. Elle la demanderait!

M. le rapporteur. ... et qu'elle serait peut-être la première à la demander, comme le dit notre honorable collègue, M. Hervey.

M. Gide, dont j'ai déjà parlé, serait plutôt partisan, au contraire, de l'obligation; du moins, il n'attend rien de l'actionnariat ouvrier collectif s'il n'est pas obligatoire. Ne nous laissons pas entraîner hors de notre route; je crois que nous sommes sur la bonne voie, en ne demandant qu'une chose aux capitalistes et aux ouvriers : de consentir à un loyal essai.

D'autre part, si, pour M. Gide, l'obligation était nécessaire, celle-ci aurait pour conséquence de faire tellement baisser les salaires, qu'il faudrait, à ce moment-là, faire une loi sur le minimum de salaire.

M. le professeur Gide s'exprime, en effet, ainsi : « Si le salaire reste livré à la loi de l'offre et de la demande, il va nécessairement varier en raison inverse de la quotité allouée à l'ouvrier sous forme de participation. Dans les mines prospères, le salaire tombera à zéro ou même deviendra négatif, c'est-à-dire se transformera en versements à faire par l'ouvrier comme il arrive pour les garçons de restaurant, dans les grandes maisons de Paris. »

Je ne suis pas convaincu que M. Gide dise vrai. Ce qui s'est passé en Angleterre, où les salaires n'ont pas baissé sous l'influence de l'actionnariat ouvrier, prouve que l'honorable professeur pouvait se tromper, mais précisément parce que l'obligation pourrait nous exposer à un danger, félicitons-nous de n'en point vouloir.

Enfin, pour terminer ce trop long exposé, je signalerai les objections qui ont été faites par certains socialistes, qui ont dit : « Si vous faites ces sociétés dans les usines, c'est la fin des syndicats. » Ils ne l'ont pas écrit textuellement, mais ils ont dit quelque chose d'analogue.

Messieurs, je ne le crois pas. Je vous avoue, d'ailleurs, que, si cela devait avoir cette conséquence, je serais opposé à cette loi. Oui, je le dis nettement, si nous devions atteindre l'idée syndicale, telle que la conçoit le législateur, je ne serais pas de ceux qui viendraient soutenir la proposition de M. Chéron.

M. Charles Riou. Au point de vue agricole, les syndicats ont rendu des services.

M. le rapporteur. Le syndicat agricole, bien que né de la même loi, ne ressemble en rien aux syndicats ouvriers...

M. Charles Riou. Ils se rattachent, en tout cas, à la même loi.

M. le rapporteur. Ce qui me permet d'affirmer que les socialistes n'ont pas à craindre que ces associations nuiront aux syndicats, c'est que, en 1894, un des chefs du parti socialistes, M. Jules Guesde, avait déposé sur le bureau de la Chambre une proposition de loi ainsi conçue :

« Art 1er. — Les travailleurs des deux sexes sont considérés comme constituant, du seul fait de leur emploi, des sociétés ouvrières par atelier, usine ou concession minière.

« Art. 2. — Les sociétés ouvrières sont assimilées, pour la gestion des intérêts de leurs membres, aux sociétés capitalistes par actions. »

Voilà ce que proposait M. Guesde; si, vraiment, les groupements ouvriers en question pouvaient avoir des conséquences pour les syndicats, l'honorable M. Jules Guesde n'aurait pas déposé sa proposition de loi.

D'autres socialistes, au surplus M. Fournière, M. Sembat, ont declaré que les entreprises basées sur l'actionnariat leur paraissaient aussi intéressantes que les sociétés coopératives ouvrières de production.

Nous ne leur demandons pas davantage; nous ne leur demandons pas d'accueillir d'une façon enthousiaste la solution que nous croyons apporter; nous leur demandons simplement de bien vouloir, de bonne foi, comme nous, accepter, je le répète, que l'on se livre à une expérience sociale. (*Applaudissements.*) Nous leur demandons de réaliser, sur ce terrain, l'union sacrée, comme ils ont bien voulu le faire sur le terrain de la défense nationale. (*Vive approbation.*)

M. Henry Chéron. La question est très bien posée.

M. le rapporteur. On a dit, enfin, que l'actionnariat ouvrier aurait un inconvénient grave : c'est que les ouvriers, pendant les années de vaches grasses — si j'ose m'exprimer ainsi — où le dividende serait élevé, touchant davantage, s'habitueraient à un bien-être plus grand que dans l'existence qu'ils menaient auparavant.

Permettez-moi de dire que l'argument ne porte pas, car dans les maisons où l'on a fait la participation ouvrière pure et simple, alors que, certaines années, les ouvriers touchent peu ou pas du tout, tandis que, dans d'autres, ils touchent un dividende élevé, on n'a jamais constaté que l'ouvrier souffrît pendant les années à dividendes peu élevés.

Au surplus, alors qu'avec la participation pure et simple, si les salariés ont dépensé le montant des dividendes qui leur ont été donnés, il ne leur reste rien dans les années difficiles, avec notre système, au contraire, nous remettons chaque année les dividendes à la collectivité; or, rien n'empêchera cette collectivité d'imiter les capitalistes, c'est-à-dire de constituer elle aussi un fonds de réserve, sur l'ensemble de ces dividendes avant de les distribuer, et d'y puiser, au cours des années déficitaires. (*Très bien ! très bien !*)

Si donc, nous pouvons faire, à cet égard, un reproche à la participation ouvrière, ce reproche tombe en ce qui concerne notre combinaison.

On a dit — et je vais avoir terminé — (*Parlez! Parlez!*),... on a dit encore qu'au point de vue juridique, notre projet contenait des lacunes ou des contradictions avec les principes actuels de notre droit.

Par exemple, on a soutenu que des titres remis gratuitement aux ouvriers ne pouvaient pas s'appeler des actions, étant donné que des apports de services ne pouvaient pas, en droit, être payés en actions!

M. Lemarié. On rétribue bien les apports des ingénieurs en actions!

M. le rapporteur. L'ingénieur et le fondateur qui font un apport mettent dans l'affaire une invention, un brevet, une idée, une initiative, rien qui soit analogue à de la main-d'œuvre. On a donc prétendu, dis-je, que l'on ne peut pas récompenser des services sous forme d'actions. Or, le professeur Valery, dans une note inscrite au Dalloz, a écrit ceci :

« Rien ne permet de voir, dans les termes des lois de 1867 et 1893, un obstacle qui interdirait de donner à sa portée une étendue conforme à l'esprit dans lequel ces lois ont été rédigées et d'y comprendre indistinctement tous les titres représentatifs d'apport, quelle que puisse être la nature de ces apports. »

M. Guillaume Chastenet. De quelle date est cette note?

M. le rapporteur. Je ne puis vous l'indiquer exactement, mais elle doit remonter à plusieurs années...

M. Guillaume Chastenet. En ce moment, la jurisprudence distingue les « actions d'apport », qui représentent les apports en nature, et les « actions bénéficiaires », qui représentent l'apport en travail; mais ces dernières ne sont pas mises sur le même pied que les actions d'apport et les actions de capital.

Vous avez d'autant plus raison, mon cher collègue, de préciser ce point dans un texte législatif. (*Très bien!*)

M. le rapporteur. Vos observations, mon cher collègue, viennent à l'appui de ma thèse; mais c'est une question de loyauté et de bonne foi d'exposer, dans un tel débat, toutes les objections que l'on a pu faire. Je tiens essentiellement à ce qu'il ne puisse pas y avoir de malentendus, d'autant plus qu'ici, il ne s'agit pas de services immédiats ou de services déjà rendus, mais de services futurs. Nous sommes cependant autorisés à admettre qu'avec le développement rationnel de la société anonyme moderne ou l'apport en services peut viser les services futurs.

Voilà pourquoi je crois, messieurs, qu'au point de vue juridique, le texte que votre commission vous propose se tient parfaitement et qu'à cet égard les observations qui ont été faites ne sont pas fondées.

Je me résume. Évidemment, il ne faudrait pas exagérer la portée de notre proposition de loi; nous n'avons pas la prétention d'apporter une panacée susceptible de réconcilier le capital et le travail en toutes circonstances. Nous nous bornons à vous présenter une réforme modeste qui, essayée dans un certain nombre d'entreprises constituées en sociétés anonymes, pourra être de nature — si nous ne nous trompons pas, si les faits de l'expérience passée, en Angleterre et dans d'autres pays, ne sont pas des mirages — à donner des résultats sérieux. (*Très bien!*)

Elle aura pour effet de permettre à certains ouvriers, particulièrement intelligents, de s'élever dans la hiérarchie sociale, (*Très bien!*) d'être appelés à collaborer avec les directeurs et les fondateurs des entreprises; elle stimulera l'esprit de dévouement et l'esprit de confiance de la classe ouvrière, puisque celle-ci se trouvera en collaboration avec les capitalistes. Elle donnera un intérêt économique à défendre à ces hommes qui, jusqu'à présent, n'ont défendu que leurs salaires; elle permettra à la classe ouvrière de se rendre compte de ce fait que les difficultés économiques sont quelquefois très difficiles à résoudre, que, bien souvent, si leurs revendications prolétariennes ne sont pas accueillies, c'est qu'il y a des objections et des impossibilités telles qu'il ne faut pas en faire retomber la responsabilité sur le mauvais vouloir du patronat. Enfin, en donnant à chacun l'esprit de la gestion des affaires et d'un patrimoine, elle permettra à ces ouvriers de prendre une conscience différente de cette conscience de classe qu'ils ont eue jusqu'à présent.

J'estime donc qu'en votant cette loi, le Sénat, une fois de plus, affirmera, à l'heure où nous sommes, non-seulement les préoccupations d'ordre patriotique qui le poussent à organiser, dès maintenant, le travail, de façon qu'il collabore au relèvement économique de notre pays après la guerre, mais qu'en même temps, il donnera la preuve de ses sentiments de bienveillance à l'égard de la démocratie française. (*Vifs applaudissements. — L'orateur, en regagnant sa place, reçoit les félicitations de ses collègues.*)

M. le président. La parole est à M. le sous-secrétaire d'État du travail.

M. Roden, *sous-secrétaire d'État du commerce, de l'industrie, de l'agriculture, du travail, des postes et des télégraphes.* Messieurs, M. le ministre du travail devait prendre lui-même la parole dans la discussion de la proposition de loi qui vous est soumise. Mais il est retenu par une indisposition. Je suis grandement fâché, pour vous, d'être obligé de le suppléer; j'aurai besoin, pour mes débuts au Sénat, de toute votre bienveillance et de toute votre indulgence. En échange, je tâcherai d'être aussi clair que possible et je promets d'être bref. *Parlez! parlez!*)

Je vous apporte l'adhésion absolue du Gouvernement à la proposition de loi qui vous est soumise, comme l'a fort bien dit tout à l'heure M. le sénateur Deloncle, elle est le reflet de la pensée gouvernementale.

Cette pensée s'est affirmée dans plusieurs discours prononcés par M. le président du conseil; dans un discours prononcé par M. Viviani, et aussi dans un projet de loi déposé par M. le ministre du travail de 1893; j'ai donc le droit de dire que, si la présente proposition de loi émane du Parlement, son origine première remonte au Gouvernement et que le texte actuel est, en réalité, l'œuvre commune de l'un et de l'autre.

M. le rapporteur vous a trop éloquemment expliqué l'économie de la loi pour qu'il soit nécessaire d'insister; je me bornerai à examiner avec vous les deux questions suivantes : la loi est-elle utile? En second lieu, est-elle opportune?

Son utilité est bien démontrée. M. Deloncle vous a dit, en termes excellents, la situation très grave du monde du travail, les malentendus qui séparent le capitalisme du travailleur.

Il vous a dit que les grèves étaient de plus en plus nombreuses et qu'il était grand temps d'apporter un remède à cette situation, si l'on voulait éviter des conflits irréparables.

Il a abrité sa démonstration sous l'opinion d'hommes éminents dont la parole est toujours écoutée au Sénat. Je ne veux rappeler, après lui, que les mots prononcés par M. Ribot en 1910 : « Si nous ne faisons rien, nous allons, il faut le dire, à des conflits inévitables. »

M. Deloncle n'a pas cru nécessaire de rappeler ce que le Parlement et le Gouvernement avaient fait pour atténuer le danger, dans la mesure du possible, en améliorant la situation des ouvriers. L'œuvre du Parlement est, en ce regard, importante.

A l'atelier, nous avons protégé les femmes et les enfants; nous avons protégé les hommes en réduisant les heures de travail à onze heures, puis à dix heures et à huit heures, dans les mines.

Nous avons fait la loi de 1898, qui modifie la législation ancienne sur les accidents du travail et assure la réparation du « risque professionnel ».

Nous avons institué les retraites ouvrières, développé la mutualité; nous avons institué la lutte contre le taudis et la tuberculose, organisé l'accession de l'ouvrier à la petite propriété, nous avons créé le crédit aux coopératives et le crédit au travail.

Toutes ces lois, tous ces efforts tendent au même but : assurer l'ouvrier de la sollicitude des pouvoirs publics, l'aider à supporter la situation pénible que le développement de l'industrie lui a imposée.

Mais, si nous avons pu chercher et trouver des remèdes de fortune, jamais nous n'avons abordé le problème en face; jamais nous n'avons tenté de rapprocher l'ouvrier du patron et de combler ce fossé si large qui les sépare.

Le projet actuel constitue à cet égard un réel progrès.

Je ne sais, messieurs, — je le répète après M. Deloncle — s'il atteindra le but poursuivi; mais il sera la première étape, une étape heureuse dans la voie nouvelle où nous nous engageons. (*Très bien!*)

La loi est-elle opportune? Vient-elle à son heure?

La loi ne peut être créatrice; le législateur avisé se garde bien de multiplier les projets de loi et de légiférer à tout propos : il se penche sur les mœurs de son pays; il en suit l'évolution, lorsque l'activité industrielle et commerciale, se développant trouve trop étroit le cadre des lois anciennes; lorsque, pour satisfaire leur activité de travail, les intéressés élaborent des conventions nouvelles que les lois établies n'ont pu prévoir, lorsque les mœurs, se modifiant, créent des besoins nouveaux, il intervient et organise le terrain juridique sur lequel l'activité humaine peut se développer. Lorsque le législateur se presse trop, lorsqu'il devance l'heure, sa loi reste lettre morte; elle n'est pas appliquée et rejoint les autres lois inutiles dans le cimetière législatif.

L'heure de cette loi est-elle venue? Réclame-t-on la participation des ouvriers aux bénéfices, accepte-t-on, dans le monde industriel, l'accession de l'ouvrier aux conseils d'administration d'une entreprise commerciale ou industrielle? La question a-t-elle été débattue dans le public? Un courant se dessine-t-il en faveur de la loi projetée?

Le monde politique, s'est, certes, largement intéressé à la question.

M. Deloncle vous a cité MM. Briand, Viviani, Millerand, Ribot, Guesde. Combien d'autres encore s'en sont occupés! Dans le monde juridique : MM. Gide, Tellier, Pic, Bouillère, Granier, Germain Martin, Antonelli. Dans le monde industriel, M. Deloncle nous a dit les noms des hommes autorisés qui, en Amérique, en Angleterre et en France, ont exprimé leur opinion et approuvé la participation des ouvriers aux bénéfices des industries qui les emploient.

Enfin, messieurs, il y a eu de nombreux essais pratiques et heureux à retenir. La statistique nous en dit le nombre.

En France, 114 maisons ont institué la participation aux bénéfices; en Grande-Bretagne, 77; en Allemagne, 46; aux États-Unis, 43; en Suisse, 16; en Belgique, 4; aux Pays-Bas, 12; en Italie 4; en Autriche 2; en Espagne, 2.

L'heure paraît donc venue de coordonner ces efforts et d'indiquer le terrain juridique sur lequel toutes les bonnes volontés pourront évoluer en complète sécurité.

Je crois que l'heure de faire cette loi est arrivée.

L'honorable M. Deloncle a examiné les objections patronales et ouvrières qui lui ont été faites dans le passé.

Je ne m'arrête pas, pour ma part, aux objections patronales analysées.

Le texte de la loi répond suffisamment à certaines de ces objections, car il n'admet les ouvriers au partage des bénéfices que lorsque le capital engagé a lui-même prélevé sa rémunération. Sur les bénéfices annuels, il est attribué au capital un intérêt convenu. C'est seulement après ce prélèvement que le bénéfice restant est partagé entre le capital et le travail. Il en est de même à la dissolution de la société; le capital argent doit être entièrement remboursé avant tout partage.

Mais le capital fait à la loi une objection qu'il faut examiner. Ce que redoutent les industriels, c'est la participation de l'ouvrier au conseil d'administration, à la direction de l'entreprise : ils estiment que l'ouvrier n'est pas mûr pour assumer de telles responsabilités. Ils ont peur que l'ouvrier, avant d'entrer aux réunions, au conseil d'administration, ne prenne le mot d'ordre au syndicat et n'apporte à la direction de l'entreprise un trouble dangereux.

Cette objection, il faut la voir de près.

Vous savez, en effet, que toutes les grandes sociétés industrielles françaises ont pour principe d'accumuler des réserves spéciales et d'amortir largement les frais d'établissement. Leur prudence assure la solidité de l'entreprise.

En Allemagne, au contraire, tout le bénéfice de l'année est distribué aux actionnaires.

Aussi, quand viennent les temps de crise, les maisons allemandes tombent en faillite, alors que les maisons françaises, grâce aux réserves accumulées, grâce à l'extinction progressive, par le jeu de l'amortissement du capital engagé, surmontent les difficultés passagères.

Les patrons disent : « Les ouvriers n'auront pas la même préoccupation, ils seront hostiles à l'accumulation des réserves et voudront épuiser chaque année les bénéfices réalisés, afin que leur part soit plus considérable. En un mot, ils ne sont pas mûrs pour les directions, pour les responsabilités. »

L'objection était sérieuse, si elle était fondée;

mais elle ne l'est pas. L'ouvrier a fait ses preuves d'économie, de sens pratique des affaires.

Il est économe, les caisses d'épargne l'affirment. Il est prévoyant, les sociétés de secours mutuels l'attestent. Songez que nous avons 23.000 sociétés de secours mutuels composés d'éléments ouvriers. Elles ont 5 millions d'adhérents, dont 3 millions et demi d'adultes, et 650 millions d'épargne accumulés.

L'ouvrier connaît l'industrie. Il est facile de le montrer par le développement et la prospérité des sociétés coopératives de production.

Il existait, au 1er janvier 1914, 450 associations de cette nature, réparties entre 71 départements. C'est dire qu'il en existe dans toute la France. Ces associations comptaient 19.000 sociétaires et 8.000 ouvriers auxiliaires. Quant à leur chiffre d'affaires, il s'élève à plus de 75 millions de francs pour l'année 1913.

Ces associations coopératives de production sont réparties dans les professions les plus diverses. Il existe, parmi elles, de très grandes entreprises. La plus grande entreprise de charpente de Paris est une association ouvrière : ce sont les « charpentiers de Paris », au capital de 1.100.000 francs, successivement augmenté par les économies de l'entreprise. Son chiffre d'affaires, en 1916, a été de plus de 8 millions.

Les deux plus importantes entreprises de peinture de Paris sont également des associations ouvrières : ce sont la maison Leclerc et la maison « le Travail ». La société des lunetiers-opticiens, dont la fondation remonte à 1848, est la plus grande maison d'optique de France; elle occupe, dans ses cinq usines, plus de cinq mille ouvriers, et fait de 3 à 4 millions d'affaires.

Trois grandes verreries sont exploitées dans la Loire et le Rhône par des associations ouvrières. Enfin, l'association ouvrière des instruments de précision, à Paris, possède un capital de 204.800 fr., et a fait, en 1916 1.893.000 fr. d'affaires.

L'ouvrier n'est pas ignorant des choses du commerce, car, à côté, des coopératives de production, il y a des coopératives de consommation dont le développement est encore bien plus considérable. Il existait, en effet, au 1er janvier 1914, 3.156 coopératives de consommation groupant 900.000 membres. Leur chiffre d'affaires, en 1913, dépassait 320 millions de francs.

M. Henry Chéron. En Angleterre, ce chiffre était de 2.970 millions de francs.

M. le sous-secrétaire d'État. Ces sociétés ne sont pas toujours purement commerciales, se contentant d'acheter des produits pour les revendre sans les transformer. Beaucoup d'entre elles — sans compter les boulangeries coopératives très nombreuses, qui se bornent à transformer la farine en pain — ont entrepris la production en grand de certains articles. Elles ont créé des minoteries, des fabriques de chaussures, des fabriques de conserves.

Ainsi l'on constate, messieurs, que les ouvriers ont su, par leurs propres ressources, sans être aidés par les capitalistes, créer des entreprises commerciales et industrielles importantes.

On peut leur faire confiance et avoir la certitude qu'ils apporteront, à la direction de grandes industries, l'esprit de prudence que les industriels ont raison de souhaiter.

Les ouvriers ont conscience de leur devoir. Ils le montrent en ce moment, sur les champs de bataille.

Le dévouement qu'ils apportent à la défense du pays est le plus pur qui soit au monde; car il est exempt de toute préoccupation matérielle. Il aura tout autant conscience des devoirs nouveaux que son accession à la direction des entreprises industrielles, si nécessaires à la prospérité du pays, lui imposeront. M. le rapporteur nous l'a dit tout à l'heure en termes éloquents : « Les temps sont changés, chacun de nous prend conscience de devoirs nouveaux ». M. André Lebon a voulu se mettre en rapport avec les confédérations du travail; il a prié M. Jouhaux de venir exposer devant des industriels et des commerçants ses idées personnelles sur les rapports qui doivent exister demain entre patrons et ouvriers, sur l'organisation un travail après guerre.

M. Henry Chéron. C'est l'union sacrée dans le cadre social.

M. le sous-secrétaire d'État. M. Jouhaux est venu. Lisez son discours : comme M. André Lebon, comme tous les patrons devant lesquels il parlait, M. Jouhaux n'a qu'une préoccupation, qu'un seul but : assurer dans l'avenir, la paix sociale, organiser au mieux le travail national, afin que, fortifié et plus productif qu'auparavant, il assure à la France la victoire économique de demain. (*Très bien!*) Voilà quelle est la mentalité des ouvriers et du représentant autorisé de la confédération générale du travail, en laquelle se résument les syndicats professionnels de France.

J'estime, pour ma part, qu'il faut avoir confiance et je demande au Sénat de voter la loi qui lui est proposée.

Vous êtes clairvoyants; votre commission a étudié ce projet avec le soin que vous apportez à la préparation de toutes les lois qui vous sont soumises. Elle a apporté au projet primitif de M. Chéron les modifications les plus heureuses.

M. Henry Chéron. Nous avons été d'accord; d'ailleurs, je faisais partie de la commission.

M. le sous-secrétaire d'État. Ce projet peut aider à la paix sociale; je souhaite que le Sénat l'adopte unaninement. (*Applaudissements.*)

M. le président. S'il n'y a pas d'autre observation dans la discussion générale, je donne lecture des articles :

« Art. 1er. — La loi du 24 juillet 1867 sur les sociétés est complétée par les dispositions suivantes :

TITRE VI

DES SOCIÉTÉS ANONYMES A PARTICIPATION OUVRIÈRE

« *Art.* 72. — Il peut être stipulé dans les statuts de toute société anonyme que la société sera « à participation ouvrière ».

« Les sociétés dont les statuts ne contiendraient pas cette stipulation pourront se transformer en sociétés à participation ouvrière, en procédant conformément aux paragraphes 2, 3, 4 de l'article 31 de la loi du 24 juillet 1867, modifié par la loi du 22 novembre 1913.

« Les sociétés à participation ouvrière seront soumises, indépendamment des règles générales applicables aux sociétés anonymes, aux dispositions des articles suivants :

Je mets aux voix l'article 72.

(L'article 72 est adopté.)

M. le président. « *Art.* 73. — Les actions de la société se composent :

« 1° D'actions ou coupures d'actions de capital; 2° D'actions dites « actions de travail ».

« Les actions de travail donnent des droits identiques à ceux des actions de capital sous réserve des dispositions ci-après. »

M. Guillaume Chastenet. Je demande la parole.

M. le président. La parole est à M. Chastenet.

M. Guillaume Chastenet. J'ai signalé à M. le rapporteur qu'il y aurait peut-être lieu de supprimer cette phrase :

« Les actions de travail donnent des droits identiques à ceux des actions de capital sous réserve des dispositions ci-après... »

De quelles actions de capital s'agit-il? Il y a des actions de capital qui peuvent être des actions de capital ordinaires, il y a des actions de capital qui peuvent être des actions de priorité. Il peut même d'après une loi que nous avons votée récemment, y avoir trois ou quatre catégories d'actions ou d'actionnaires. Par conséquent, les actions de travail devront pouvoir être assimilées à telle ou telle catégorie.

Je ne vois, quant à moi, aucun inconvénient à ce qu'il y ait des actions de travail qui soient l'équivalent des actions de priorité. Il me semble donc que la phrase que je signale, est inutile et, par les interprétations auxquelles elle pourrait traiter, peut-être dangereuse.

M. le rapporteur. Je demande la parole.

M. le président. La parole est à M. le rapporteur.

M. le rapporteur. La commission accepte la proposition de notre collègue Chastenet de supprimer ces deux lignes.

Nous estimons que leur suppression n'enlève aucune force à l'article et qu'il n'y a aucun inconvénient à les faire disparaître.

M. le président. L'article 73 serait rédigé ainsi :

« *Art.* 73. — Les actions de la société se composent :

« 1° D'actions ou coupures d'actions de capital;

« 2° D'actions dites « actions de travail. »

Je mets aux voix le texte proposé par la commission pour l'article 73.

(L'article 73 est adopté.)

M. le président. « *Art. 74.* — Les actions de travail sont la propriété collective du personnel salarié (ouvriers et employés des deux sexes) constitué en société commerciale coopérative de main-d'œuvre en conformité de l'article 68 de la loi du 24 juillet 1867, modifiée par la loi du 1er août 1893. Cette société de main-d'œuvre comprendra obligatoirement et exclusivement tous les salariés attachés à l'entreprise depuis au moins un an et âgés de plus de vingt et un ans. La perte de l'emploi salarié fait perdre au participant, et sans indemnité; tous ses droits dans la coopérative de main-d'œuvre sous la réserve de l'article 78 de la présente loi.

« Lorsqu'une société se constituera dès son début sous la régime de la présente loi, c'est-à-dire sous la forme de société anonyme à participation ouvrière, les statuts de la société anonyme devront prévoir la mise en réserve, jusqu'à l'expiration de l'année, des actions de travail attribuées à la collectivité des salariés. A l'expiration de ce délai les actions seront remises à la coopérative de main-d'œuvre légalement constituée.

« Les dividendes attribués aux ouvriers et employés faisant partie de la coopérative ouvrière sont répartis entre eux conformément aux règles fixées par les statuts de la société ouvrière et aux décisions de ses assemblées générales. Toutefois, les statuts de la société anonyme devront disposer que, préalablement à toute distribution de dividende, il sera prélevé sur les bénéfices, au profit des porteurs d'actions de capital, une somme correspondant à celle que produirait à l'intérêt qu'ils fixeront le capital versé.

« En aucun cas les actions de travail ne pourront être attribuées individuellement aux salariés de la société, membres de la coopérative de main-d'œuvre. » — (Adopté).

« *Art. 75.* — Les actions de travail sont nominatives, inscrites au nom de la société coopérative de main-d'œuvre, inaliénables pendant toute la durée de la société à participation ouvrière et frappées d'un timbre indiquant l'inaliénabilité et l'incessibilité de ces actions. » — (Adopté.)

« *Art. 76.* — Les participants à la société coopérative de main-d'œuvre sont représentés aux assemblées générales par des mandataires élus par ces participants, chacun de ceux-ci disposant pour cette élection d'autant de voix que son salaire annuel, établi sur les comptes arrêtés quinze jours avant l'assemblée générale, comprend de fois le chiffre du salaire le plus faible attribué par la société aux salariés âgés de plus de vingt et un an. Ces élections ne sont valables que si les deux tiers des participants au moins ont assisté à la réunion où il y a été procédé.

« Les mandataires élus doivent être choisis parmi les participants. Leur nombre est fixé par les statuts de la société anonyme.

« Le nombre des voix dont disposent ces mandataires à chaque assemblée générale est au nombre des voix attribuées au capital qui y est représenté dans la même proportion que le nombre des actions de travail est à celui des actions de capital. Il est déterminé au début de chaque assemblée d'après les indications de la feuille de présence.

« Les mandataires présents partagent également entre eux les voix qui leur sont ainsi attribuées, les plus âgés bénéficiant des voix restantes.

« En cas d'action judiciaire, les mandataires élus à la dernière assemblée générale désignent un ou plusieurs d'entre eux pour représenter les participants. Si aucune élection n'avait encore été faite ou si aucun des mandataires élus ne faisait plus partie de la coopérative de main-d'œuvre, il serait procédé à l'élection de mandataires spéciaux dans les formes et conditions prévues au paragraphe 1er du présent article. Toutes les décisions des assemblées générales coopératives de main-d'œuvre devront d'ailleurs être prises dans ces mêmes et conditions. » — (Adopté.)

« *Art. 77.* — Toutefois, les assemblées générales ordinaires ou extraordinaires des sociétés anonymes à participation ouvrière délibérant sur des modifications à apporter aux statuts ou sur des propositions de continuation de la société au-delà du terme fixé pour sa durée ou de dissolution avant ce terme, ne sont régulièrement constituées et ne peuvent valablement délibérer qu'autant qu'elles comprendront un nombre d'actionnaires représentant les trois quarts des actions de capital.

« Dans le cas où une décision de l'assemblée générale comporterait une modification dans les droits attachés aux actions de travail, cette décision ne sera définitive qu'après avoir été ratifiée par une assemblée générale de la coopérative de main-d'œuvre. » — (Adopté.)

« *Art. 78.* — Le conseil d'administration de la société anonyme à participation ouvrière comprend des représentants de la société coopérative de main-d'œuvre; ces représentants sont élus par l'assemblée générale des actionnaires et choisis parmi les mandataires qui représentent la coopérative à cette assemblée générale. Le nombre en est fixé par le rapport qui existe entre les actions de travail et les actions de capital. Ils sont nommés pour le même temps que les autres administrateurs et sont comme eux rééligibles; toutefois leur mandat prend fin s'ils cessent d'être salariés de la société et par suite membres de la coopérative. Si le conseil d'administration ne se compose que de trois membres, il devra comprendre tout au moins un représentant de la société ouvrière ». — (Adopté).

« *Art. 79.* — En cas de dissolution, l'actif social n'est réparti entre les actionnaires qu'après l'amortissement intégral des actions de capital.

« La part représentative des actions de travail, conformément aux décisions prises par l'assemblée générale de la coopérative ouvrière convoquée à cet effet, est alors répartie entre les participants et anciens participants comptant au moins dix ans de service consécutifs dans les établissements de la société, ou tout au moins une durée de services sans interruption égale à la moitié de la durée de la société et ayant quitté la société pour cause de maladie ou de vieillesse.

« Toutefois, les anciens participants remplissant les conditions prévues à l'alinéa précédent, ne figureront à la répartition que pour 9/10, 8/10, 7/10, etc., d'une part correspondant à la durée de leurs services, suivant qu'ils auront cessé leurs services depuis un an, deux ans, trois ans, etc...

« La dissolution de la société anonyme amène la dissolution de la coopérative de main-d'œuvre. » (Adopté.)

Art. 80. — Les sociétés qui se conformeront aux dispositions précédentes seront affranchies, en ce qui concerne leurs statuts ou actes d'augmentation de capital, des droits de timbre et d'enregistrement exclusivement applicables au montant des actions de travail.

« Celles dans lesquelles le nombre des actions de travail sera égal au moins au quart du nombre des actions de capital bénéficieront, en outre, pour leurs actions de travail, des avantages accordés par l'article 21 de la loi du 30 décembre 1903, complété par l'article 25 de la loi de finances du 8 avril 1910, aux parts d'intérêts ou actions dans les sociétés de toutes natures dites de coopération, formées exclusivement entre ouvriers et artisans. Ces mêmes titres seront, de plus, affranchis du droit proportionnel de timbre édicté par la loi du 5 juin 1850 et du droit de transmission établi par la loi du 23 juin 1857. Indépendamment des immunités fiscales ci-dessus prévues au paragraphe précédent, les sociétés à participation ouvrière bénéficieront des avantages accordés par les lois et décrets en vigueur aux sociétés coopératives en ce qui concerne les adjudications et soumissions de travaux publics. » — (Adopté.)

Je mets aux voix l'ensemble de l'article 1er.

(L'article 1er est adopté.)

M. le président. « Art. 2. — Le deuxième alinéa de l'article 64 de la loi du 24 juillet 1867 est complété par la disposition suivante :

« Si la société use de la faculté d'émettre des actions de travail, cette circonstance doit être mentionnée par l'addition de ces mots : « à participation ouvrière ». — (Adopté).

Je vais consulter le Sénat sur la question de savoir s'il entend passer une seconde délibération.

M. Henry Chéron. Notre règlement s'oppose-t-il à ce que l'urgence soit encore demandée maintenant?

M. Antony Ratier. J'estime qu'il est trop tard et je m'y opposerai pour une raison de principe qui a son importance. A mon avis, il est toujours fâcheux de voter l'urgence pour des lois importantes, surtout quand on légifère sur un point nouveau. Au contraire, dans l'intervalle des deux délibérations, des opinions nouvelles peuvent être soumises utilement à la commission. (*Très bien!*)

M. Henry Chéron. La discussion a été assez complète pour que les opinions aient pu se faire jour dès aujourd'hui.

M. le président. L'urgence aurait pu être demandée après la discussion générale et avant le passage à la discussion des articles.

Elle ne peut plus l'être dès que le Sénat a commencé l'examen des artieles. (*Approbation.*)

M. Henry Chéron. Nous n'avons pas proposé l'urgence avant la discussion générale par déférence pour nos collègues, afin que toutes les opinions puissent se manifester, mais nous demanderons que la deuxième délibération vienne prochainement. (*Très bien !*)

M. le rapporteur. Je n'ai pas cru devoir intervenir en faveur de l'urgence, mais puisque certains de nos collègues m'invitent à m'expliquer, je vais présenter une observation.

Mon rapport était distribué depuis plusieurs mois sans qu'aucun amendement ait été déposé ; bien mieux, je ne recueillais aucune objection de la part de nos collègues quand je sollicitais leur opinion sur cette proposition. Au lieu de critiques, je ne trouvais que des compliments.

M. Eugène Lintilhac. Et ils étaient mérités.

M. le rapporteur. Dans ces conditions, est-il à prévoir que, dans les quelques jours qui séparent les deux délibérations, des objections pourront surgir ? (*Très bien ! sur divers bancs.*)

M. le président. Les intervalles entre les deux délibérations ne peuvent être moindres de cinq jours aux termes du règlement.

M. le rapporteur. La commission demandera l'inscription à l'ordre du jour dans les moindres délais.

M. le président. Je consulte le Sénat sur la question de savoir s'il entend passer à une deuxième délibcration.

(Le Sénat décide de passer à une deuxième délibération.

ANNEXES

A

Loi du 24 juillet 1867 sur les sociétés.

ART. 68 (ajouté par la loi du 1er août 1893, art. 6) :

Quel que soit leur objet, les sociétés en commandite ou anonymes qui seront constituées dans les formes du Code de commerce ou de la présente loi seront commerciales et soumises aux lois et usages du commerce.

Loi du 24 juillet 1867 sur les sociétés.

ART. 31 (modifié par la loi du 22 novembre 1913) :

Sauf dispositions contraires des statuts, l'Assemblée générale, délibérant comme il est dit ci-après, peut modifier les statuts dans toutes leurs dispositions. Elle ne peut toutefois changer la nationalité de la société, ni augmenter les engagements des actionnaires.

Nonobstant toute clause contraire de l'acte de société, dans les assemblées générales qui ont à délibérer sur les modifications aux statuts, tout actionnaire, quel que soit le nombre des actions dont il est porteur, peut prendre part aux délibérations avec un nombre de voix égal aux actions qu'il possède, sans limitation.

Les assemblées qui ont à délibérer sur les modifications touchant à l'objet ou à la forme de la société, ne sont régulièrement constituées et ne délibèrent valablement qu'autant qu'elles sont composées d'un nombre d'actionnaires représentant les trois quarts au moins du capital social. Les résolutions, pour être valables, doivent réunir les deux tiers au moins des voix des actionnaires présents ou représentés.

Dans tous les cas autres que ceux prévus par le précédent paragraphe, si une première assemblée ne remplit pas les conditions ci-dessus fixées, une nouvelle assemblée peut être convoquée dans les formes statutaires et par deux insertions, à quinze jours d'intervalle, dans le *Bulletin annexe du Journal officiel*, et dans un journal d'annonces légales du lieu où la société est établie. Cette convocation reproduit l'ordre du jour, en indiquant la date et le résultat de la précédente assemblée. La seconde assemblée délibère valablement si elle se compose d'un nombre d'actionnaires représentant la moitié au moins du capital social. Si cette seconde assemblée ne réunit pas la moitié du capital, il peut être convoqué, dans les formes ci-dessus, une troisième assemblée qui délibère valablement, si elle se compose d'un nombre d'actionnaires représentant le tiers du capital social. Dans toutes ces assemblées, les résolutions, pour être valables, devront réunir les deux tiers des voix des actionnaires présents ou représentés.

DISPOSITIONS FISCALES

A

Loi du 15 juin 1850 relative au « Timbre » des effets de commerce, des bordereaux de commerce, des actions dans les sociétés, des obligations négociables des départements, communes, établissements publics et compagnies, et des polices d'assurances.

TITRE II

CHAPITRE 1er. — *Actions dans les sociétés.*

ART. 14.

Chaque titre ou certificat *d'action*, dans une société, compagnie ou entreprise quelconque, financière, commerciale, industrielle ou civile, que l'action soit d'une somme fixe ou d'une quotité, qu'elle soit libérée ou non libérée, émis à partir du 1er janvier 1851, sera assujetti au *timbre* proportionnel *de 50 centimes pour 100 francs* du capital nominal pour les sociétés, compagnies ou entreprises dont la durée n'excédera pas dix ans, et à *1 pour cent* pour celles dont la durée dépassera dix années.

A défaut de capital nominal, le droit se calculera sur le capital réel, dont la valeur sera déterminée d'après les règles établies par les lois sur l'enregistrement.

L'avance en sera faite par la Compagnie, quels que soient les statuts.

La perception de ce droit proportionnel suivra les sommes et valeurs de 20 fr. en 20 fr. inclusivement et sans fractions.

. . . .

ART. 22.

Les sociétés, compagnies ou entreprises pourront s'affranchir des obligations imposées par les articles 14 et 20, en contractant avec l'État un *abonnement* pour toute la durée de la société.

Le droit sera annuel et *de 5 centimes par 100 francs* du capital nominal de chaque action émise; à défaut de capital nominal il sera *de 5 centimes par 100 francs* de capital réel dont la valeur devra être déterminée conformément au 2e § de l'article 14.

B

Loi du 23 juin 1857 portant fixation du budget général des dépenses et des recettes de l'exercice 1858.

ART. 6.

Indépendamment des droits établis par le titre II de la loi du 5 juin 1850, toute *cession* de titres ou promesses d'actions et d'obligations dans une société, compagnie ou entreprise quelconque, financière, industrielle, commerciale ou civile, quelle que soit la date de sa création, est assujettie, à partir du 1er juillet 1857, à un droit de *transmission* de *20* (1) centimes par 100 francs de la valeur négociée.

Ce droit, pour les titres au porteur, et pour ceux dont la transmission peut s'opérer sans un transfert sur les registres de la société, est converti en une taxe annuelle et obligatoire de *12* (2) centimes par 100 francs du capital des dites actions et obligations, évalué par leurs cours moyen pendant l'année précédente, et, à défaut de cours dans cette année, conformément aux règles établies par les lois sur l'enregistrement.

C

Loi du 29 juin 1872 relative à un impôt sur le revenu des valeurs mobilières.

ARTICLE PREMIER.

Indépendamment des droits de timbre et de transmission établis par les lois existantes, il est établi, à partir du 1er juillet 1872, une taxe annuelle et obligatoire :

1o Sur les intérêts, dividendes, revenus et tous autres produits des actions de toute nature, des sociétés, compagnies ou entreprises quelconques financières, industrielles, commerciales ou civiles, quelle que soit l'époque de leur création ;

2o Sur les arrérages et intérêts annuels des emprunts et obligations des départements, communes et établissements publics, ainsi que des sociétés, compagnies et entreprises ci-dessus désignées;

3o Sur les intérêts, produits et bénéfices annuels des parts d'intérêt et commandites dans les sociétés, compagnies et entreprises dont le capital n'est pas divisé en actions.

ART. 2.

Le revenu est déterminé :

1o Pour les actions, par le dividende fixé d'après les délibérations des assemblées générales d'actionnaires

(1) Le tarif de *20* centimes % a été porté à 0 fr. 50 en principal par la loi du 16 septembre 1871, art. 11, puis à 0 fr. 50 % sans addition de décimes par la loi du 29 juin 1872, art. 3.

(2) Le tarif de *12* centimes % a été porté à 0 fr. 15, loi du 16 septembre 1871, art. 11, puis à 0 fr. 25, loi du 30 mars 1872, art. 1er, et enfin à 0 fr. 20 % sans addition de décimes, loi du 29 juin 1872, art. 3.

ou des conseils d'administration, les comptes rendus ou tous autres documents analogues;

2° Pour les obligations ou emprunts, par l'intérêt ou le revenu distribué dans l'année;

3° Pour les parts d'intérêt et commandites, soit par les délibérations des conseils d'administration des intéressés, soit, à défaut de délibération, par l'évaluation à raison de 5 0/0 du montant du capital social ou de la commandite, ou du prix moyen des cessions de parts d'intérêt consenties pendant l'année précédente.

Les comptes rendus et les extraits des délibérations des conseils d'administration ou des actionnaires seront déposés, dans les vingt jours de leur date, au bureau de l'enregistrement du siège social.

ART. 3.

La quotité de la taxe établie par la présente loi est fixée à 3 0/0 du revenu des valeurs spécifiées en l'article premier. Le montant en est avancé, sauf leurs recours, par les sociétés, compagnies, entreprises, villes, départements ou établissements publics.

Pour l'année 1872, les revenus, intérêts et dividendes seront sujets à la taxe pour moitié seulement de leur montant, quelle que soit d'ailleurs l'époque à laquelle le payement aura lieu.

A partir de la promulgation de la présente loi, le taux des droits et taxe établis par la loi du 23 juin 1857 et par celle des 16 septembre 1871 et 30 mars 1872 est réduit ainsi qu'il suit, savoir :

A 50 centimes par 100 francs pour la transmission ou la conversion des titres nominatifs;

A 20 centimes pour 100 francs pour la taxe à laquelle sont assujettis les titres au porteur.

Ces droits et taxe ne sont pas soumis aux décimes.

ART. 4.

Les actions, obligations, titres d'emprunts, quelle que soit d'ailleurs leur dénomination, des sociétés, compagnies, entreprises, corporations, villes, provinces étrangères, ainsi que tout autre établissement public étranger, sont soumis à une taxe équivalente à celle qui est établie par la présente loi sur le revenu des valeurs françaises. — Les titres étrangers ne pourront être cotés, négociés, exposés en vente, ou émis en France, qu'en se soumettant à l'acquittement de cette taxe, ainsi que des droits de timbre et de transmission. Un règlement d'administration publique fixera le mode d'établissement et de perception de ces droits, dont l'assiette pourra reposer sur une quotité déterminée du capital social.

Le même règlement déterminera les époques du payement de la taxe, ainsi que toutes les autres mesures nécessaires pour l'exécution de la présente loi.

ART. 5.

Chaque contravention aux dispositions qui précèdent, et à celles du règlement d'administration publique qui sera fait pour leur exécution, sera punie conformément à l'article 10 de la loi du 23 juin 1857.

Le recouvrement de la taxe sur le revenu sera suivi, et les instances seront introduites et jugées comme en matière d'enregistrement.

D

Loi du 30 décembre 1903 portant fixation du budget général des dépenses et des recettes de l'exercice 1904.

ART. 21.

Les dispositions de la *loi du 29 juin 1872* ne sont applicables ni aux parts d'intérêts ou actions, ni aux emprunts ou obligations des sociétés de toute nature dites de *coopération* formées exclusivement entre ouvriers ou artisans.

La même exception s'applique aux associations de toute nature, quels qu'en soient l'objet et la dénomination, formées exclusivement par ces sociétés coopératives.

Il n'y aura pas lieu au recouvrement des sommes qui peuvent être encore dues, en vertu de la loi du 29 juin 1872, pour ces sociétés et associations.

E

Loi du 8 avril 1910 portant fixation du budget général des dépenses et des recettes de l'exercice 1910. *(Journal officiel du 10 avril 1910.)*

ART. 25.

Le paragraphe premier de l'article 21 de la loi du 30 décembre 1903 est ainsi complété :

« Les dispositions de la *loi du 29 juin 1872* ne sont applicables ni aux parts d'intérêts ou actions, ni aux emprunts ou obligations des sociétés de toute nature dites de coopération, formées exclusivement entre ouvriers ou artisans, non plus qu'aux parts d'intérêts des sociétés *coopératives* de production, de transformation, de conservation et de vente des produits agricoles, constituées suivant les dispositions de la loi du 29 décembre 1906. »

Angers. — Imp. J. GUINEBERTIÈRE 15, rue de la Roë. — Tél. 6-28

E. THALLER

Professeur de Droit commercial à l'Université de Paris

TRAITÉ GÉNÉRAL THÉORIQUE ET PRATIQUE

de

DROIT COMMERCIAL

AVEC LE CONCOURS ET LA COLLABORATION DE MM.

Edgar ALLIX — Maurice BERNARD — GOMBEAUX
HUVELIN — JOSSERAND — De LAPRADELLE
LEREBOURGS — PIGEONNIÈRE — HÉMARD
PERCEROU — Paul PIC — RIPERT

Professeurs et agrégés des Facultés de Droit

Volumes parus :

[Le]s Sociétés commerciales, par Paul Pic, professeur à la Faculté [d]e Droit de l'Université de Lyon. *Tomes I et II.* — 2 vol. in-8. **24 fr.**

[Le]s faillites, banqueroutes et liquidations judiciaires, par Per[c]erou, professeur à la Faculté de Droit de l'Université de Paris. 2 vol. in-8 . . . . . **24 fr.**

[Le] contrat de transport, par Josserand, professeur à la Faculté de Droit de l'Université de Lyon. — 1 vol. in-8. . . . . **12 fr.**

[Le] droit maritime, par Ripert, professeur à la Faculté de Droit [d]'Aix. — 2 vol. in-8 . . . . . **24 fr.**

Professeur de Droit commercial à l'Université de Paris
Professeur honoraire de l'Université de Lyon

TRAITÉ ÉLÉMENTAIRE

DE

DROIT COMMERCIAL

A L'EXCLUSION DU DROIT MARITIME

CINQUIÈME ÉDITION

[Ref]ondue et augmentée, contenant les principes de la Propriété Industrielle et des Assurances.

[F]ort vol. in-8 (1916) . . . . . **12 fr. 50**

René JAPIOT

Professeur à la Faculté de Droit de Caen

[T]raité théorique et pratique du droit procédural de la guerre, 1916, in-8 (ouvrage paraissant en fascicules, le fasc. de 3 feuilles). — 1 fr. 50.
Fascicules parus 1 à 6.

Albert WAHL

Professeur à la Faculté de Droit de l'Université de Paris
Doyen honoraire de la Faculté de Droit de l'Université de Lille

TRAITÉ DU RÉGIME FISCAL DES SOCIÉTÉS ET DES VALEURS MOBILIÈRES

1909, 2 forts vol. in-8° de XII-848 et 863 pages . . . . . 25 fr.

Maurice BRUNET

Avocat
Docteur en Droit

LA GUERRE ET LES CONTRATS

1 vol. in-8° (1917) . . . . . 8 fr.

Rodolphe ROUSSEAU
Avocat à la Cour de Paris

Louis GALLIÉ
Docteur en Droit
Avocat à la Cour de Paris

TRAITÉ PRATIQUE DE DROIT FINANCIER

Banques. — Bourses de Commerce
Valeurs et Marchandises

1194. — 2 vol. in-8 . . . . . } Brochés, 20 fr. } Cartonnés, 23 fr.

ROUSSEAU (Rodolphe)

Avocat à la Cour d'Appel de Paris
Secrétaire général du Congrès international des Sociétés par actions à l'Exposition de 1889
Vice-Président, Rapporteur général du Congrès international des Sociétés à l'Exposition de 1900
Rapporteur de la Commission extra-parlementaire instituée au Ministère de la Justice, en 1902

DES SOCIÉTÉS COMMERCIALES FRANÇAISES ET ÉTRANGÈRES

TRAITÉ THÉORIQUE ET PRATIQUE

contenant une étude du régime fiscal des Sociétés commerciales et le commentaire des lois de 1902, 1903, 1907, 1913

ET SUIVI DE

FORMULES ANNOTÉES répondant à tous les actes de la vie sociale, [édi]tion, 1912, 2 forts vol. gr. in-8 . . . . .
Av[e]c supplément 1915. — Supplément seul . . . . .

GAZETTE DES SOCIÉTÉS
ET
DU DROIT FINANCIER

REVUE MENSUELLE DE LÉGISLATION, DE DOCTRINE ET DE JURISPRUDENCE
EN MATIÈRE DE SOCIÉTÉS ET DE DROIT FINANCIER

Paraissant le 1er de chaque mois

Sous la Direction de M. Rodolphe ROUSSEAU

AVOCAT A LA COUR D'APPEL DE PARIS

RÉDACTEUR EN CHEF

Prix de l'abonnement : 20 fr. par an

Les abonnements partent du 1er Janvier de chaque année

AVEC LA COLLABORATION DE :

MM

ALLIX. — Professeur agrégé à la Faculté de Droit de Paris.
AMIOT. — Docteur en Droit, Avocat à la Cour d'Appel.
BENDER (Emile). — Député du Rhône, Docteur en Droit, Avocat à la Cour d'Appel de Lyon.
BERR. — Premier Président Honoraire de la Cour d'Appel de Paris.
BOUTET. — Conseiller à la Cour de Cassation.
COURCELLE. — Docteur en Droit, Agréé au Tribunal de Commerce de Rouen.
DEFERT (Henri). — Ancien avocat au Conseil d'État et à la Cour de Cassation.
BOLREAU (André). — Docteur en Droit, Avocat à la Cour d'Appel de Paris.
ESCARRA (Jean). — Docteur en Droit.
FLEURLAU. — Avocat, Agréé au Tribunal de Commerce de la Seine.
GODRON. — Docteur en Droit, Avoué au Tribunal Civil de Lille.
LACKENBACHER. — Avocat à la Cour d'Appel de Paris.
LAYA (G.). — Avocat à la Cour d'Appel de Paris.
LEAUTEY. — Expert-comptable au Tribunal de la Seine.

MM

LE POITTEVIN. — Conseiller à la Cour d'Appel de Paris.
LINOL. — Économiste financier.
MANTEAU. — Liquidateur de sociétés, Membre de la Commission extra-parlementaire de 1902.
MARIA. — Docteur en Droit, Notaire à Marseille.
MATHIOT. — Avocat à la Cour d'Appel de Paris.
PERCEROU. — Professeur adjoint à la Faculté de Droit de Paris.
PIC (Paul). — Professeur à la Faculté de Droit de Lyon.
SESTIER. — Avoué au Tribunal Civil de Lyon.
SUMIEN. — Conseiller juridique au Ministère du Travail.
THALLER. — Professeur à la Faculté de Droit de Paris.
THERY (Edmond). — Directeur de l'*Economiste Européen*, Membre du Conseil supérieur de statistique, Président de l'Association de la Presse économique et financière.
VALLE. — Sénateur, ancien Ministre de la Justice, Avocat à la Cour d'Appel de Paris.
VENOT. — Agréé au Tribunal de Commerce de Bordeaux.
WAHL (Albert). — Professeur à la Faculté de Droit de Paris, Doyen honoraire de la Faculté de Droit de Lille.

M. Louis GALLIÉ
Docteur en Droit, Avocat à la Cour d'Appel de Paris,
Secrétaire de la Rédaction.

M. Jacques ROUSSEAU
Avocat à la Cour d'Appel,
Secrétaire-adjoint.

ADMINISTRATION

LIBRAIRIE ARTHUR ROUSSEAU

ROUSSEAU et Cie, Éditeurs

14, RUE SOUFFLOT ET RUE TOULLIER, 13

PARIS (Ve) Téléph. 807.20

www.ingramcontent.com/pod-product-compliance
Ingram Content Group UK Ltd.
Pitfield, Milton Keynes, MK11 3LW, UK
UKHW022105170726
13837UKWH00003B/1079